深圳市 2020 年教育科学规划研究项目：
"新时代爱国主义教育视域下粤港澳大湾区红色文化的
协同开发与应用研究"（项目编号：SK2020C031）

深圳信息职业技术学院 2021年社科研究项目：
"粤港澳大湾区红色文化资源融入高校思政课教学的
实现路径与合作机制研究"（项目编号：SZIIT2021SK002）

主编

学案例 学生社会实践

华龄出版社
HUALING PRESS

图书在版编目（CIP）数据

大学生社会实践教学案例 / 徐永周主编. —— 北京：
华龄出版社, 2023.2
ISBN 978-7-5169-2435-8

Ⅰ.①大… Ⅱ.①徐… Ⅲ.①大学生—社会实践—教
学研究 Ⅳ.①G642.45

中国国家版本馆CIP数据核字（2023）第004070号

策划编辑	周 骁		责任印制	李末圻
责任编辑	梅 剑		装帧设计	明翊书业

书　名	大学生社会实践教学案例		作　者	徐永周
出　版 发　行	华龄出版社 HUALING PRESS			
社　址	北京市东城区安定门外大街甲 57 号		邮　编	100011
发　行	（010）58122255		传　真	（010）84049572
承　印	三河市国新印装有限公司			
版　次	2023 年 4 月第 1 版		印　次	2023 年 4 月第 1 次印刷
规　格	710mm × 1000mm		开　本	1/16
印　张	12.75		字　数	150 千字
书　号	ISBN 978-7-5169-2435-8			
定　价	68.00 元			

版权所有　侵权必究

本书如有破损、缺页、装订错误，请与本社联系调换

目　录
CONTENTS

★★★ 01　人物篇

★★★ 02　事件篇

★★★ 03 遗迹篇

★★★ 04   精神篇

前　言

　　东江纵队红色文化是一座富矿，拥有鲜活的人物形象、真实的历史事件、多样的实物资料、丰富的精神内核，为加强新时代的爱国主义教育，为加强青少年的思想政治教育，提供了有效的桥梁和载体。编者在"新时代爱国主义教育视域下粤港澳大湾区红色文化的协同开发与应用研究"（SK2020C031）及"粤港澳大湾区红色文化资源融入高校思政课教学的实现路径与合作机制研究"（SZIIT2021SK002）的项目经费资助下，广泛搜集和精心整理了东江纵队红色文化资源，从英雄人物、重大事件、历史遗迹、精神内涵等四个方面编成教学案例，努力为各级各类学校开展思想政治教育和爱国主义教育提供支持和帮助。

　　在案例教学中，我们要注意以下三点。

　　一是要注意案例运用的整体性。人物、事件、遗迹、精神虽然可以单独成篇，但它们是一个相互联系的整体。在案例教学中，可以着重讲述其中的英雄人物、重大事件、历史遗迹或精神内涵，但不应就人说人、就事论事、就物观景、就精神谈表现，而应明确其中的逻辑主线，精选教学的叙事主题，把人物、事件、遗迹、精神有机结合起来。例如：可以从刘黑仔英雄人物导入，讲述相关的港九大队城市游击战的历史事件，接着参观坪山东江纵队纪念馆，最后学习百折不挠、一往无前的艰苦奋斗精神，以及敢创敢试、勇于开拓的创新精神；也可以从文化界知名人士及爱国民主人士大营救引入，接着介绍曾生、王作尧、刘黑仔等英雄人物，参观白石龙中国文化名人大营救纪念馆，最后学习心怀天下、开放包容的国际主义精神。

二是要注意案例运用的政治性。红色文化案例和思想政治教育具有高度的政治性，为保证本教学案例的权威性和历史的真实性，编者参考了大量解放军出版社出版的《东江纵队志》和《曾生回忆录》等历史文献，以及新华社、中国文明网等官方媒体的报道，力求去伪存真、去粗取精。在案例教学中，教师选用的英雄人物和历史事件等资料，以及作为拓展学习的影视作品等，必须注意其真实性、权威性，要与党的理论方针政策及立场观点方法保持一致。

三是要注意案例运用的实效性。思想政治教育案例教学不能搞花架子、走过场，要把重点放在解决学生思想、学习等方面的疑点难点上，放在帮助学生理解党的历史使命和历史贡献上，引导将学习成果转化为涵养情操、砥砺品德的内在动力，把学习革命传统和革命精神转化为立报国之志和践爱国之行。同时，案例教学要注重发挥教师的主导性和学生的主体性，针对不同学生的年龄特点和学习特点，创新教学的方式方法和载体平台，使学生在学习过程中真心喜欢、真正受益。

华南敌后抗战的中流砥柱

　　1938年10月，日本侵略军在大亚湾登陆，占领东江下游各县及广州。在日军不断向内地推进、国民党守军溃逃的时候，惠阳、东莞、宝安、增城等地的人民，在中国共产党的领导和影响下，纷纷拿起武器，奋起抗击敌人。

　　1938年10月13日，党中央指示，要在东江日占区后方开拓游击区。八路军驻香港办事处主任、中共广东省委委员廖承志召集中共香港市委书记吴有恒和香港海员工委书记曾生等开会研究。10月下旬，曾生率共产党员和香港进步工人、华侨知识青年共30余人到达惠阳县坪山地区（今属深圳市坪山区），建立中共惠宝工委。12月2日，在该县周田村成立惠（阳）宝（安）人民抗日游击总队，曾生任总队长。

　　1939年1月1日，中共东莞中心县委及宝安、增城中共组织领导的人民武装在东莞县苦草洞整编，成立东（莞）宝惠边人民抗日游击大队，王作尧任大队长。惠宝人民抗日游击总队和东宝惠边人民抗日游击大队共200余人，分别使用国民革命军第四战区东江指挥所第3游击纵队新编游击大队和第4游击纵队直辖第2游击大队番号。4月，中共中央派八路军留守兵团所属保安司令部参谋处主任梁鸿钧等到东江。5月，在坪山成立东江军事委员会，由梁广、梁鸿钧负责，统一领导新编游击大队和第2游击大队。9月～12月，两支游击队发展到700余人。

　　1940年9月，新编游击大队和第2游击大队余部由海陆丰沿海地区返抵宝安县上下坪村，改编为广东人民抗日游击队第3、第5大队，林平（尹林平）兼任两个大队的政治委员，梁鸿钧负责军事指挥。

　　1941年2月，第3、第5大队派出小分队进入增城县西部，与当地中共组织领导的抗日游击队基干队会合。4月，成立增（城）从（化）番（禺）独立大队，游击区扩展到增城和广州市东北郊一带。9月，广东人民抗日游击队发展到1500余人，在广九铁路（广州—香港九龙）西侧建立了大岭山和阳台山抗日根据地。12月，日军侵占香港。第3、第5大队各派出一支武工队进入港九地区，成立港九大队，开展城市游击战。

1942年1月，根据中共南方工委的决定，在阳台山根据地白石龙村成立广东军政委员会，并将"广东人民抗日游击队"改称"广东人民抗日游击总队"，梁鸿钧任总队长，林平任政治委员。以第5大队为基础成立主力大队，其余分别编入第3大队、惠阳大队、宝安大队、港九大队。

1943年，游击总队经过整风学习和军事训练，向日伪军展开广泛出击，对进犯根据地的国民党顽军进行反击。至7月，恢复和发展了惠东宝抗日根据地。其间，大亚湾独立中队扩编为护航大队，以挺进罗浮山地区的宝安大队一部整编成立独立第2大队。

1943年12月2日，广东人民抗日游击总队在坪山扩编成立广东人民抗日游击队东江纵队，并向全国发出通电。曾生任司令员，林平任政治委员，王作尧任副司令员兼参谋长，杨康华任政治部主任。下辖第2大队、第3大队、第5大队、惠阳大队、宝安大队、港九大队、护航大队，共3000余人。

1944年9月～1945年2月，东江纵队将所属部队扩编为第1、第2、第3、第4、第5、第6、第7支队和北江支队、西北支队，连同大亚湾人民抗日自卫总队、港九大队、护航大队等，共9200余人。1945年2月底，北江支队、西北支队在粤汉铁路（广州—武昌）两侧开辟清远、英德、佛冈、新丰、翁源抗日游击区。3月，第3支队进入博罗，会同第4、第5支队创建以罗浮山为中心的抗日根据地。5月，纵队领导机关由东江南岸转移至江北罗浮山，游击区域逐渐向粤北和粤东发展。8月初，根据中共中央关于向粤北发展、开辟五岭根据地的指示，东江纵队组成粤北指挥部，率第3、第5支队和北江支队、西北支队等向粤赣湘边挺进。其间，珠江纵队第1支队、独立第3大队和第2支队一部共1000余人编入东江纵队。

日本投降后，东江纵队向拒绝投降的日伪军展开反攻。至9月底，收复城镇60余座，歼灭日伪军1000余人。纵队总人数发展到1.1万余人。10月，为加强分区指挥，又成立江南、江北、东进指挥部。

　　1946年6月，根据国共两党达成的协议，东江纵队（含珠江、韩江纵队，广东、广东南路人民抗日解放军部分骨干）2500余人北撤山东省烟台解放区，扩大为两广纵队。留下的部队继续坚持武装斗争，发展成为粤赣湘边纵队。这两支部队为中华民族的解放事业和解放广东全境作出了重大的贡献。

　　在长达8年艰苦曲折的抗战中，东江纵队从无到有、从小到大，逐步发展成为拥有1.1万余人的部队。据统计，东江纵队在东江和北江广大地区，建立了根据地和游击区，总面积约6万平方公里，人口450万以上，与日伪军作战1400余次，毙伤日伪军6000余人，俘虏投诚3500余人，共缴获各种武器6500余件。东江纵队成为中外共知的华南抗日战场上一支坚强的武装力量，也成为广东人民抗日的一面旗帜，为抗日战争、民族解放事业作出了不可磨灭的贡献。朱德同志在党的七大所作的军事报告《论解放区战场》中，将东江纵队、琼崖纵队与八路军、新四军并称为"中国抗战的中流砥柱"。

　　"我们是广东人民的游击队，我们是八路军、新四军的兄弟，我们的队伍驰骋于东江战场上，艰苦奋斗、英勇杀敌，取得了辉煌的胜利！……"在抗日战争时期，这首澎湃激昂的《东江纵队之歌》广泛传唱。东江纵队是一支特殊的部队，远离八路军、新四军主力，孤悬敌后，紧紧依靠人民群众，在华南战场东江沿线狠狠地打击敌人，用鲜血铸就伟大的抗战精神，成为激励中国人民克服一切艰难险阻、为实现中华民族伟大复兴而奋斗的强大精神动力。

教学活动案例设计综述

【案例名称】

追忆东纵历史，传承红色精神

【课程类型】

理论实践一体化教学

【教学目标】

1.知识目标:巩固和加深对东江纵队人物、事件、遗迹、精神等红色文化相关基础知识的掌握。

2.能力目标：培养收集历史资料，提取信息进行探究的能力；培养表达、表演能力；培养知识的运用和迁移能力。

3.情感目标：传承红色基因，坚定"四个自信"，厚植爱国情怀，引导学生把爱国情、强国志、报国行自觉融入实现中华民族伟大复兴的奋斗之中。

【教学重点】

1.东江纵队主要人物的成长及战斗事迹。

2.东江纵队主要事件的内容及意义。

3.东江纵队主要精神的内涵及传承。

【教学难点】

如何弘扬和培育东江纵队精神。

【教学理念】

1.通过思政小课堂和社会大课堂相结合的方式，坚持教学做合一与理论实践一体化，力求打造融理论讲授、参观体验、现场教学、动手实践为一体的思想政治教育创新路径。

2.通过追忆东江纵队历史与学习"四史"相结合的方式，将学习东江纵队历史与学习党史、新中国史、改革开放史、社会主义发展史贯通起来。

3.通过故事与哲理相结合的方式，讲好党的故事、革命的故事、英雄的故事，讲清讲透其中蕴含的历史学理和精神哲理。

4.通过学习历史与现实践行相结合的方式，引导学史崇德、学史明理、学史增信、学史力行，知史爱党、知史爱国，坚定不移听党话、跟党走。

【教学方法】

理论讲授法、影视教学法、参观体验法、榜样示范法、演讲演唱法、小组讨论法、动手实践法、总结点评法等。

【教学设计】

教学设计分为五个步骤，力求做到环环相扣，层层推进，把学史与崇德、明理、增信、力行结合起来。

1.介绍人物：如"短枪队长"刘黑仔。

2.链接事件：链接与人物相关联的事件，如港九大队开展城市游击战、秘密大营救、挺进粤北开辟根据地等。

3.参观遗迹：参观与人物及事件相关联的旧址、纪念馆等历史遗迹，如深圳坪山东江纵队纪念馆、深圳白石龙中国文化名人大营救纪念馆、东莞大岭山抗日根据地旧址、惠州东湖旅店、惠州罗浮山东江纵队纪念馆等。

4.探究精神：学习探究相关人物及事件背后所蕴含的精神，如报国为民、矢志不移的爱国主义精神，百折不挠、一往无前的艰苦奋斗精神，万众一心、和衷共济的集体主义精神，英勇无畏、赴汤蹈火的革命英雄主义精神，心怀天下、开放包容的国际主义精神，敢创敢试、勇于开拓的创新精神，等等。

5.点评作业：学生以小组为单位，开展合作学习，在系统性、体验性、探究性学习活动结束后，完成学习体会作业。教师组织学习体会交流活动，并点评及总结。

【教学实施】

（一）课堂教学环节

1.教师在"四史"或思政课相关专题教学中，切入东江纵队人物介绍，如"短枪队长"刘黑仔。

2.教师以启发式、互动式引导学生列举东江纵队人物（刘黑仔）的战斗事迹和英雄故事。如：智擒匪首李观姐、活捉日本特务东条正之、击毙肖九如等汉奸、粉碎敌人"扫荡"、营救文化界知名人士及美国飞行员克尔中尉等。

3.教师梳理并讲解东江纵队人物（刘黑仔）战斗事迹中所涉及的东江纵队重大事件，重点突出四个方面：一是港九大队开展城市游击战；二是营救文化界知名人士及爱国民主人士；三是开展国际反法西斯统一战线工作；四是挺进粤北开辟根据地。

（二）课后拓展环节

1.观看海润影视制作有限公司出品的电视连续剧：《东江英雄刘黑仔》。

2.观看中央电视台播出的专题片：《中国共产党百年瞬间·中国文化名人大营救》。

3.观看中央电视台"新闻直播间"播出的《克尔日记》：讲述美飞行员跳伞获救传奇经历。

4.通过书籍和互联网深入学习东江纵队人物（刘黑仔）的英雄事迹及相关的东江纵队重大事件。

（三）参观体验环节

1.教师组织学生到与东江纵队人物（刘黑仔）及事件（大营救）相关联的旧址、纪念馆等历史遗迹进行参观学习，如深圳坪山东江纵队纪念馆、深圳白石龙中国文化名人大营救纪念馆等。

2.教师或纪念馆讲解员重点介绍东江纵队相关人物及事件。

3.教师现场教学《东江纵队之歌》。

4.教师现场组织讨论"东江纵队精神"，重点阐述报国为民、矢志不移的爱国主义精神，英勇无畏、赴汤蹈火的革命英雄主义精神，心怀天下、开放包容的国际主义精神，敢创敢试、勇于开拓的创新精神等。

（四）学生作业环节

1.学生以小组为单位，交流学习心得。

2.学生小组分工合作，以演讲稿、PPT、短视频、戏剧表演等形式，汇报心得体会。

（五）总结交流环节

1.教师评选推荐优秀学生小组展示作品。

2.教师点评学生作品，进行教学总结。

【教学反思】

（一）实效与经验

1.东江纵队、琼崖纵队与八路军、新四军，被朱德同志并称为"中国抗战的中流砥柱"。东江纵队是中国民众尤其是粤港澳三地民众熟悉和喜爱的形象，以"东江纵队"的人物、事件及精神解读中国共产党百年奋进的历史，视角新颖，形象贴切，深受学生的欢迎，提高了"四史"和思想政治教育的亲和力。

2.东江纵队战斗足迹遍及香港、澳门和广东的广州、深圳、东莞、惠州、河源、汕尾、清远、韶关等地，留下了大批历史遗迹，为开展爱国主义教育及思想政治教育提供了丰富的素材和资源，有助于提高"四史"学习的抬头率和有效性。

3.教学中设计了教师讲授、实地体验、小组交流、师生讨论等多个环节，既有知识的传授，又有情感的培养，同时提高了学生学思相长、知行合一的能力。

（二）改进与建议

1.加强"请进来"与"走出去"：一是邀请烈士和老战士亲属、纪念馆讲解员、党史专家等走进校园，现场讲述党的故事、革命的故事、英雄的故事；二是组织学生参观革命遗址和老区的企业、社区等，亲身感受中国共产党百年奋进的光辉历程和辉煌成就。

2.按照"三同"原则选好讲好故事。既要选好讲好大家耳熟能详的党史故事、革命故事和英雄故事，更要按照同城、同龄、同趣的原则选好讲好本地区的故事、同龄人的故事、催人奋进的故事。

3.以"学校+基地"的形式开展共建合作。聘请东江纵队纪念馆讲解员担任学校思想政治教师或辅导员，选派优秀学生担任东江纵队纪念馆义务讲解员，共同举办座谈会、志愿服务等形式多样的活动。

01

人物篇

　　2015年9月，习近平在颁发"中国人民抗日战争胜利70周年"纪念章仪式上强调："我们要铭记一切为中华民族和中国人民作出贡献的英雄们，崇尚英雄，捍卫英雄，学习英雄，关爱英雄，戮力同心为实现'两个一百年'奋斗目标、实现中华民族伟大复兴的中国梦而努力奋斗！"

　　"人物篇"从东江纵队众多领导人、指战员、钢铁战士、英雄模范、巾帼英烈、海外赤子等英雄人物中，选取其中10人作为案例教学。在教学中，要结合英雄人物的成长特点和英勇表现，着重阐述英雄人物的崇高品质和人格风范；要结合不同学生的年龄特点，通过听故事、看故事、讲故事等不同方式，充分调动学生学习英雄人物的积极性和主动性，增强英雄人物的精神感召力和价值引导力。

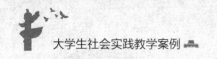

人物篇之01："归侨司令"曾生

一、人物概述

曾生（1910—1995），原名曾振声（另说曾振华），深圳市坪山区石灰陂人。父亲曾庭杰是澳大利亚华侨，母亲钟玉珍是龙岗圩沙梨村人；1916年至1923年，在龙岗、香港、坪山读小学；1928年，毕业于澳大利亚悉尼商业学院；1933年，毕业于广州中山大学附属中学；1937年，毕业于中山大学文学院教育系。

1934年，曾生参加共产党外围组织中国青年同盟，开始从事革命工作。1935年冬至1936年春，积极参与和组织中山大学和广州学生进行抗日示威大游行，被推荐为中山大学师生员工抗日救国会主席、广州市抗日学生联合会主席。1936年2月，为躲避国民党当局通缉并寻找党组织，曾生到"日本皇后"号远洋客轮当海员工人，从事海员工人运动，尔后主持香港海员工会重建工作。1936年10月加入中国共产党，12月任中共香港海员工委组织部部长，后接任书记，大力开展抗日救亡运动，对推动香港、澳门和广东东江地区的抗日救亡运动起了重要作用。

1938年10月，日本侵略军在大亚湾登陆后，曾生根据中共中央的指示，由香港回到惠阳，任中共惠（阳）宝（安）工委书记，领导组建惠宝人民抗日游击队。在敌强我弱的极端困难条件下，他坚定不移地执行党的指示，放手发动人民群众，组织抗日自卫队，发展人民抗日武装力量，建立抗日根据地，实行人民战争。与此同时，坚决贯彻执行党的抗日民族统一战线政策，争取海外华侨、港澳同胞和各阶层爱国人士的同情和支持。在他的努力下，有1000多名华侨子弟和港澳爱国青年回国参加游击队，这对部队的建立和早期部队的巩固、发展，起了很大的作用。

1940年8月，曾生任广东人民抗日游击队第3大队大队长，率部开进东莞县的大岭山区建立抗日根据地。1943年12月，广东人民抗日游击队东江纵队成立，曾生任司令员，与政治委员林平等率部在日伪军和国民党顽固派军队的夹击下，转战东江两岸，后挺进粤北山区，建立东江抗日根据地，坚持艰苦复杂的军事和政治斗争。抗日战争中，他为创建华南抗日根据地、发展壮大华南抗日武装作出了卓著贡献。

1946年6月底，曾生与王作尧等率领东江纵队主力北撤山东，先后任华东军政大学副校长，中共渤海区委员会副书记、渤海军区副司令员，人民解放军两广纵队司令员。率领两广纵队参加了豫东战役、济南战役和淮海战役。1949年7月，率领两广纵队南下与林平领导的粤赣湘边纵队会合，组成广东战役南路军，解放和平、连平、河源、龙川、惠阳、博罗、东莞、中山等县，胜利地完成了广东战役一翼的作战任务。

中华人民共和国成立后，曾任广东军区副司令员、华南军区第一副参谋长、海军南海舰队第一副司令员，中共广州市委第三书记、广州市市长、广东省副省长，交通部部长等职。1955年被授予少将军衔，获一级独立自由勋章、一级解放勋章。1995年11月20日在广州逝世。

二、教学要点

1. 在监狱里开始认识共产党

1929年9月，曾生考入中山大学附中，在黄明堂办的学旅寄宿；但就在当年秋天，两广军阀混战，张发奎联合广西军阀李宗仁、白崇禧，进攻军阀陈济棠控制的广东。房东黄明堂是张发奎的部属，秘密策划推翻陈济棠的统治。陈济棠亲自带人去抄黄明堂的家，把曾生等一批在黄明堂学旅寄宿的同学抓走，投进了监狱。

在监狱的墙上，曾生看到许多共产党人写的革命标语、口号和诗词，如"人生自古谁无死，留取丹心照汗青"、"共产主义一定要在中国实现"、"中国共产党万岁"，等等。他开始对共产党产生了好感，认识到中国的未来只能寄希望于中国共产党。"这次坐牢，实际上是给了我一次最好的革命启蒙教育。"曾生在回忆录中如此写道。出狱后，曾生就留心打听有关共产党的消息，注意阅读共产党的进步书刊，拥护中国共产党提出的政治主张。

2. 在广州参加"一二·九"运动

1935年，北平爆发"一二·九"运动。消息传到广州，中山大学的学生立即轰动起来。曾生担任广州市抗日学生联合会主席，带领学生、市民两万余人游行示威。当游行队伍到达广东省教育厅请愿时，省教育厅不见人影，同学们一怒之下，捣毁了压制学生开展抗日救亡运动的教育厅。有的同学拆下了广东省教育厅的牌子，当作胜利品扛回了中山大学操场。

这是一次由中山大学学生发起组织的广州"一二·九"抗日示威大游行，影响甚大。直到1948年，曾生第一次见到毛泽东，毛泽东对他说："你们砸了不准抗日的教育厅，打得好！"但因为此事，"南天王"陈济棠大为震怒，下令通缉曾生，中山大学也停止了曾生的学籍。曾生一个晚上要换几个宿舍睡觉，后来在中山大学中青支部的帮助下，曾生只得跑到香港"避风头"。

曾生在"日本皇后"号邮轮上当听电铃的"走钟仔"（哪个房客的电铃响了，就去问需要什么服务）。在香港，他继续进行革命活动，开展海员工人运动，包括筹办"余闲乐社"组织爱国海员，宣传抗日并募捐钱物，寻找中国共产党的组织，等等。直到当年9月陈济棠垮台后，曾生才得以回到中山大学继续读书，并继续领导香港的海员工人运动。

3. 散尽家产打游击

1938年10月12日，日本侵略军的铁蹄踏上惠阳大亚湾。就在日军登陆大亚湾的第二天，八路军香港办事处负责人廖承志根据中共中央的指示，在香港土瓜湾召集曾生和中共香港市委书记吴有恒等同志，研究回东江组织抗日武装，当时曾生、吴有恒俩人都争相希望回去。曾生认为"自己是东江地区客家人，语言通、地形熟，有群众基础，开展斗争最为有利"，廖承志觉得有道理，遂同意了曾生的请求。

10天后，28岁的曾生与香港市委的周伯明等人，一起赶回深圳坪山，开始组织中共惠宝工委和抗日游击队的活动。当游击总队在曾氏祠堂刚成立时，队员仅仅几十人，既没有武器也没有军饷。曾生便与族人商量，将祠堂的五支土枪和两门土炮、六个土礼炮拿过来，充当最初的抗日武器。

游击队不仅缺少武器，还缺乏粮食。曾生带人回来磨自家的谷子，"然后煮一顿'油盐饭'吃了，每人带一袋米走了"。经济最困难时，为了给部队配药，曾生将家里仅剩的三亩田地全部卖给了德辉药房。原本殷实的曾家，失去了最后的生活来源。为此，他的母亲哭了三天三夜，但并没有阻止他。在曾生等人的努力下，东江纵队队伍逐渐壮大，后来达到了上万人数的规模。

三、延伸学习

《曾生回忆录》

第一章 青少年时代

第二章 在广州参加"一二·九"运动

第三章 在香港从事海员工运

第四章 开辟东江敌后抗日根据地

第五章 东移海陆丰

第六章 重建东江敌后抗日根据地

第七章 挺进港九和秘密大营救

第八章 在困难中坚持和发展

第九章 独立自主开展新局面

第十章 成立东江纵队

第十一章 反法西斯统一战线

第十二章 华南敌后抗日游击战争大发展

第十三章 自卫还击和北撤谈判

第十四章 成立两广纵队

第十五章 转战华东战场

第十六章 进军华南

第十七章 坚守祖国南大门

第十八章 在海军的日子里

第十九章 在广州工作的七年

第二十章 十年浩劫中的遭遇

第二十一章 在交通部

第二十二章 探望海外华侨和港澳同胞

四、参考资料

[1] 本书编辑委员会.东江纵队志（第1版）[M].北京：解放军出版社，2003.

[2] 曾生.忠肝义胆写赤诚[M].北京：新华社，2005.

[3] 曾生.曾生回忆录（第一版）[M].北京：解放军出版社，1992.

[4] 散尽家产打游击.南方杂志，2017年12月07日.

人物篇之 02："开国将军"王作尧

一、人物概述

王作尧（1913—1990），广东东莞厚街人。1934年毕业于黄埔军校燕塘分校第七期（后称黄埔军校第十一期）。1935年10月参加中国共产党外围革命组织"中国青年同盟"（后改称"中国青年抗日同盟"），在国民党军队进行民运工作，组织抗日救国十人团，开展抗日救亡运动。1936年9月加入中国共产党。

抗日战争爆发后，中共广东省委派王作尧回东莞组织抗日武装，他先后任中共东莞县委宣传部部长兼武装部部长、东莞抗日游击大队大队长、广东人民抗日游击队第5大队大队长、东江人民抗日游击总队参谋长、东江纵队副司令员兼参谋长，率队开辟东江抗日根据地，在华南敌后坚持艰苦的抗日游击战争。解放战争时期，任华东军政大学上干队大队长、华东野战军第10纵队副参谋长、华北军政大学副教育长、两广纵队副司令员兼第二师政治委员，参与部署和组织解放万山群岛的战役，为解放华东和华南作出了贡献。

中华人民共和国成立后，历任广东军区江防司令部副司令员、广东军区珠江军分区第一副司令员、广东军区副参谋长、广东军区防空司令部第一副司令员、广州防空司令部司令员、沈阳军区空军副司令员、武汉军区空军副司令员、广东省军区顾问、广东省人大常委会副主任等职。1957年被中央军委授予一级独立自由勋章和一级解放勋章，1988年被中央军委授予一级红星功勋荣誉章，1961年晋升为少将军衔，1990年7月3日在广州病逝。

二、教学要点

1. 两进军校学习

1931年9月，王作尧考入陈济棠举办的"广东军事政治学校"（即燕塘军校，后称黄埔军校第11期）步兵科学习。陈济棠在军校提倡"读经"，反对马克思主义。王作尧受进步思想的影响，成为校内反对"读经"的积极分子之一。1934年从军校毕业，被分配到国民革命军第一集团军第三军第七师，先后任师教导团一营四连见习官，重机枪排少尉副排长、代理排长。1935年夏，王作尧再次进入燕塘军校学习重机枪和迫击炮射击技术。1936年2月，返回原部队，仍任重机枪排代理排长。

2. 组织抗日武装

1938年1月底，广东党组织委派王作尧到东莞担任东莞中心支部宣传委员，负责武装工作。王作尧灵活执行党的抗日民族统一战线政策，团结了东莞县社训总队副总队长颜奇。东莞县社训总队是全县性的地方武装，总队部掌握着一支壮丁常备队。东莞党组织的何与成担任社训总队的政训员，派共产党员陈昶等人到常备队任中队长、小队长，动员了工人支部的党员和积极分子加入常备队，建立党支部。这样，东莞壮丁常备队成为中共东莞党组织掌握的一支武装力量。

1938年4月，中共东莞中心县委成立，王作尧担任中心县委宣传部部长兼武装部部长。他通过在"民众自卫团东莞统率委员会"当委员的共产党员陈修业，以自卫团的名义，在县城举办"抗日自卫团军事干部训练班"，动员党内外知识青年近200人参加。还在训练班里建立党支部，发展共产党员。这批经过训练的青年，被派往各乡去组织自卫团，在江城洲、大朗、东坑、高埗、山厦等地成立了由党员掌握的自卫队。在中心县委的指导和王作尧的努力下，东莞打下了组建人民抗日武装力量的基础。

3. 成立东莞抗日模范壮丁队

1938年10月12日凌晨，日军登陆大亚湾。当天晚上，中共东莞中心县委召开紧急会议，决定抓住时机，组建一支由共产党直接领导的人民抗日武装。王作尧和何与成立即与颜奇商议，晓以民族大义。颜奇同意他们以"东莞社训总队"的番号，成立一支抗日武装。

10月14日，中共东莞中心县委在县城新生小学召开抗战动员大会，发动在县城的共产党员、进步青年参加抗日队伍。10月15日晚，"东莞抗日模范壮丁队"（其含义是坚决抗日的模范部队）成立大会在东莞中山公园（今东莞市人民公园）举行，王作尧任队长。全队共100多人，编为三个小队和一个留城分队。这是日军入侵广东后，中国共产党在华南敌后地区最早组建并直接领导的一支人民抗日武装。

不久，由何与成和颜奇带领壮丁常备队和模范壮丁队一部，到榴花峡口至京山一带，防守东江南支流一线，并在这里打响了榴花塔阻击战。在10月21日广州失陷以前，东莞县委即被中共广东省委认为是"武装工作做得最好的一个单位，估计能掌握群众武装千余人"。

4. 四建抗日根据地

1938年10月16日，王作尧等人率领抗日模范壮丁队开赴大岭山的飞鹅村整训，并以此为中心，活动于周围连平、上下山门、大雁塘、杨梅圩及莞太公路沿线白沙、龙眼一带。他带领队伍，紧紧依靠群众，打击土豪劣绅，开展助民活动，宣传党的抗日主张，在大岭山建立了抗日游击基地。两年后，广东人民抗日游击队第三大队挺进大岭山，邬强副大队长对林平说："老王带领模范队到这里，他们是我们的'开荒牛'！"

1940年春，国民党顽固派把反共高潮引入广东。上下坪会议后，王作尧率领改编后的广东人民抗日游击队第五大队开辟阳台山（又称"羊台山"）根据地。这时，第五大队只有30多人，而面对的却是百倍于我的强敌，日伪军和国民党顽军形成对阳台山地区的三面夹击之势。在极其艰苦的条件下，王作尧领导宝安县党组织和第五大队，在阳台山一带开展敌后抗日游击战争，率部多次击退日军进攻，粉碎了日军的反复"扫荡"，同时击退国民党顽军，使部队锻炼得更加顽强，根据地在战斗中得到巩固和发展。1941年5月，第五大队发展到300余人。

1944年8月，中共广东省临委和东江军政委员会在大鹏半岛的土洋村召开联席会议，作出了向东、向西、向北拓展，全面发展广东抗日游击战争的决定。会后，东江纵队执行北进和东进的战略任务。1945年2月初，王作尧与杨康华率领部分主力北渡东江河，进入博罗县，会同第四支队和增龙博独立大队，扩展以罗浮山为中心的江北根据地。经过几个月的一系列战斗，打开了博罗的局面。东纵司令部、政治部、后勤机关以及军政干校，先后进入罗浮山根据地，罗浮山成为广东敌后游击战争的指挥中心。

1945年8月，王作尧与林锵云、杨康华率领东江纵队和珠江纵队部分主力挺进粤北，以接应由王震、王首道率领的八路军南下支队，创建五岭根据地。后因日本投降，八路军南下支队奉命北返。王作尧率部留在粤北地区，粉碎了国民党反动派多次进攻，创建粤赣边游击根据地，完成东江纵队向北发展的重大任务。

5. 设计"洞穴工事"

1945年10月10日，《双十协定》（《政府与中共代表会谈纪要》）签署。王作尧率领粤北北撤人员800余人，粉碎了国民党妄图在集结途中消灭东江纵队的阴谋，抵达了北撤集中地点——大鹏湾葵涌，胜利到达山东烟台。

1947年5月，王作尧调任华东野战军第十纵队副参谋长，参加豫东战役。当时，蒋介石集团"五大主力"之一的第五军，凭着美式装备，炮火极占优势，山东解放区军队在阵地战中受到较大伤亡。有鉴于此，王作尧苦苦思索，设计出一种新的"洞穴工事"，大大减少了部队伤亡。"洞穴工事"在华东野战军中全面推广，被指战员们称为"王作尧工事"。

三、延伸学习

1. 两赴党中央汇报工作

1947年12月，王作尧与曾生等前往河北省平山县西柏坡，向中共中央汇报广东武装斗争情况，受到刘少奇、朱德等中央领导的接见。1948年初，他又与卢伟良（原东江纵队东进指挥部指挥员）前往陕北米脂县杨家寨，向毛泽东、周恩来等中央领导汇报广东的工作。

2. 王作尧夫人何瑛回忆将军

（1）与战友们同生共死

在缺乏武器弹药、粮食供应的艰苦环境中，王作尧经历了无数艰辛险阻，曾"三进大岭山、四辟根据地"。当年，王作尧与战友率领各自部队东移海陆丰，途中700多指战员只剩下100多人。在前有堵截、后有追兵的险恶时刻，王作尧没有离开过部队一天，与战友们一同挨饿、一同战斗，九死一生。

何瑛："他在东移的时候，脚烂了，烂到路都不能走，整个脚都烂。战士要给他抬担架，他不肯，拿着棍子一步一步跟战士一起走路。"

（2）抢救爱国文化人士

1941年12月，日军攻陷香港，大肆搜捕爱国人士和抗日志士。广东人民抗日游击队（东江纵队的前身）按照指示，将滞港的知名文化人士和爱国民主人士分东西两条线路撤离，其中往宝安阳台山的这条线路由王作尧负责。这条线路也是人数最多的，18岁的何瑛也在其中。

何瑛："为了保证这些文化名人路上安全，有饭吃，王作尧做了很多工作。他们把自己吃的减少，记得部队每人两钱油减到一钱，口粮也减半，腾出来让给文化人吃。还发动地主、商人和爱国人士捐款捐粮，这样大家有钱出钱，有力出力，就基本都有吃的了。"何瑛还记得，有一天王作尧想尽办法终于让大家吃到了猪肉，"我吃了一碗肥猪肉炖咸酸菜，就觉得很好了。领导们给文化名人吃的是狗肉，广东人叫香肉，对他们真的好。"

（3）艰苦前行的军旅爱情

1945年日本投降后，王作尧奉命与林锵云、杨康华率领1000多人挺进粤北开辟五岭根据地，遭受国民党反动派围剿追击，生活也非常艰苦，全军一度只靠吃南瓜汤、豆角叶、山菠萝及野生蕨粉糊度日。有一回大部队要渡过锦江，由于刚下过雨，江水暴涨已经齐胸，但是身怀六甲的何瑛仍然跟其他战友一样，在王作尧的指挥领导下，横渡锦江。

何瑛："当时王作尧站在高处，突然看到有一个浪打到我身上，他吓了一跳，但是爱莫能助。渡江后我就坐在石头上歇会儿，王作尧看所有人都渡江完了，他就走到我身边来。他说'你上岸了我就放心了'，在他的挂包里递出来唯一一条干毛巾给我。"

四、参考资料

[1] 本书编辑委员会. 东江纵队志（第1版）[M]. 北京：解放军出版社，2003.

[2] 中共东莞市委党史研究室. 东莞党史人物传丨第一个东莞籍共和国将军——王作尧. 东莞纪检监察网，http://dgjj.dg.gov.cn/dgjj/gyhsyj/202105/1f8aeaf81998488583920c888b348f02.shtml，2021-05-19.

[3] 第一个东莞籍共和国将军——王作尧. 澎湃新闻网，https://m.thepaper.cn/baijiahao_12920070，2021-06-01.

[4] 付碧强，张雨倩. 重走红色印迹丨王作尧：戎马卫山河 丹心许家国. 东莞时间网，https://news.timedg.com/2021-06/27/21198537.shtml，2021-06-27.

[5] 吴智薇. 追忆抗战将军王作尧一生. 东莞阳光网，https://news.sun0769.com/dg/video/201507/t20150706_5579983.shtml，2015-07-06.

人物篇之03："短枪队长"刘黑仔

一、人物概述

刘黑仔（1919—1946），原名刘锦进，广东宝安县大鹏（今深圳市大鹏新区）客家人。因为他身体结实，皮肤较黑，平时喜爱武术，人们便亲切地称他为"刘黑仔"。

刘黑仔出身农民家庭，放过牛，做过帮工。少年时，正是国民党发动内战和日本帝国主义侵略中国的年代，阶级仇、民族恨，在他幼小的心灵中埋下了不平的火种。读小学时，参加演出《投笔从戎》等进步话剧，接受抗日救国思想熏陶，积极投入抗日宣传活动。

"一二·九"运动爆发后，参加海湾爱国知识青年组成的"海岸流动剧团"。1938年10月，侵华日军在大亚湾登陆，刘黑仔目睹家乡惨遭蹂躏，矢志抗日。在抗日救亡运动中，受到中共大鹏城支部书记赖仲之的教育和影响，配合地下党做了许多工作。1939年上半年，经赖仲之介绍，加入中国共产党。同年12月，参加曾生领导的惠宝人民抗日游击总队（后改为东江纵队），活动于龙岗、坪山、葵涌一带。后来部队受挫，刘黑仔回到大鹏，继续在下村小学以教书为掩护，从事地下工作。1941年初，日军第二次在大鹏登陆，奸淫掳掠，无恶不作。刘黑仔义愤填膺，在大鹏王母圩击毙伪维持会会长袁德等多名汉奸。

1941年12月，日寇攻占香港，把香港作为太平洋战争的中间枢纽，补给基地。1942年2月，按照党中央指示，广东人民抗日游击队扩编为游击总队，并立即组建港九大队，深入香港地区广九铁路沿线，开展游击战争。港九地区的交通要道密布岗哨、据点、碉堡，决定了港九地区游击战争以短枪队活动为主。刘黑仔奉命任港九大队短枪队副队长、队长。刘黑仔作战神勇，被誉为"神枪手"。在九龙、西贡和沙田一带，刘黑仔带领十几名短枪队队员神出鬼没，袭击日军，出色地完成了运送武器、护送文化界名人、抢救国际友人、打击汉奸土匪、收集军事情报等任务，成了名扬港九的传奇英雄。

1944年秋，刘黑仔奉命回到东江抗日根据地，参加东江军政干校学习。同年12月，东江纵队组成西北支队和北江支队，刘黑仔任西北支队参谋兼短枪队队长，他们开辟了以清远县大罗山文洞为中心的抗日基地。

1945年8月15日，日本宣布投降。1946年5月1日，刘黑仔在南雄县界址圩调解民事纠纷时，遭国民党反动军队包围，在突围时不幸大腿中弹，后染上破伤风而牺牲，年仅27岁。20世纪80年代，英雄的骸骨迁回他的故乡深圳市龙岗区大鹏镇烈士陵园，立碑"抗日英雄刘黑仔"七个大字，供后代瞻仰。

二、教学要点

1. 刘黑仔在共产党领导下成长为传奇英雄

《东江英雄刘黑仔》，是海润影视制作有限公司出品的40集电视连续剧，由谭俏、马云导演，王雷主演，并于2014年6月21日在上海新闻综合频道首播。

该剧由抗日时期东江纵队刘黑仔的故事改编。刘黑仔从小就一身狠劲儿，天不怕地不怕，是一帮顽劣孩子的头儿。1931年，刘黑仔等人看不惯镇上恶霸猫哥横行乡里，抢了猫哥赌场的钱，猫哥派人一路追杀。为保护好兄弟麦剑锋，刘黑仔用刀捅伤了押款的保镖，被判刑7年。出狱后，受到中共大鹏城支部书记赖仲之的教育和影响，刘黑仔成长为一名优秀的共产党员和令敌人闻风丧胆的抗日英雄。

2. 刘黑仔能文能武，智勇双全

刘黑仔做过小学教师，喜爱武术，能文能武。他带领短枪队时隐时现、忽东忽西、机智灵活地伏击日军岗哨，突袭日本军营，炸毁启德机场。他足智多谋，扮成敌探，化装成日军小部队，活捉日军特务东条正之大佐，击毙汉奸特务队长肖九如，消灭日军密探和特工多名，取得了辉煌的战绩。

三、延伸学习

1. 智擒匪首李观姐

香港土匪不仅鱼肉百姓、为害当地，而且还与日寇沆瀣一气、狼狈为奸。短枪队一到香港，便把肃清土匪作为首要任务。在最初的大半年时间里，共肃清大小土匪十多股，李观姐一伙就是其中之一。刘黑仔带领短枪队员乔装成"同路人"，声称有发财路数，要与李匪"同捞同煲"，上门请李观姐等人到三丫村吃饭。李匪闻财则喜，马上就地在荔枝窝村大摆酒席，宴请从天而降的八位"贵客"。刘黑仔机智应对，看到李观姐及众匪已喝得酩酊大醉，立即跳上桌面，左手拔出快掣驳壳手枪，右手握着一枚手榴弹，大声喝道："不许动，缴枪不杀！"其他队员也立即进入预先布置的战斗岗位。就这样，一枪不发，恶行昭著的李观姐及其60名匪徒束手就擒。

2. 活捉特务东条正之

东条正之是日军驻香港的宪兵大佐、特务头子。一天，乔装打扮的东条正之等3人，乘车窜到界咸村矿山附近。刘黑仔接到群众报告后，立即带领9名短枪队员前往拦截。面对盘查，东条正之操着一口流利的广州话百般抵赖，并利诱说："我们是商人，如果你们放过我们，包你们日后有用不完的钱，要多少有多少。"刘黑仔凑过去，故意压低嗓门说："我们是汪精卫的部下，有话好说。"东条正之连忙说："汪先生是皇军的好朋友，大大的好！"刘黑仔一看他们中计，立即指挥队员一举将他们抓获。

3. 击毙肖九如等汉奸

日寇占领下的香港，敌强我弱。短枪队在对敌作战中，往往采取"兵不厌诈"的战术，灵活机动，左右出击，弄得敌人惶惶不可终日。在金龙酒家，刘黑仔率领队员化装成敌人的密探，击毙作恶多端的汉奸特务队长肖九如。在观音山坳，巧妙引诱6名敌方密探进入山洞，然后往洞内投掷手榴弹彻底消灭之。在牛池湾，机智拔掉日军岗哨。在窝场，成功夜袭日本兵营。在马骝山水塘坳，巧妙设计抓获一个日本宪兵队长。在短枪队，秘密处决混入其中的汪精卫奸细张起等人。

4. 粉碎敌人扫荡

1944年2月，日军出动一个团的兵力，对港九大队游击基地沙田、西贡地区进行扫荡，妄图将港九大队主力一网打尽。刘黑仔率领短枪队潜入九龙市区，贴标语、撒传单，袭击日军巡逻艇，炸毁日军军火库。为了迫使日军从沙田、西贡撤兵，刘黑仔与短枪队员冒着生命危险，潜入启德机场，在停机房和油库放了两枚定时炸弹。轰隆隆两声巨响，日寇占领的机场顿时变成了火海。这一战，使日军的实力受到重创。在游击队频频出击的形势下，日军被迫把扫荡沙田、西贡的兵力撤回九龙，从而粉碎了敌人的扫荡。

5. 刘黑仔生前唯一的照片

在北京抗日英雄纪念馆里的百位抗日英雄事迹介绍中，广东有两人，一位是曾生，另一位是刘黑仔。然而，港九抗日英雄传奇人物刘黑仔的漫画形象为人熟知，但是他生前的照片却从未曝光。

2009年清明节前夕，美国大兵克尔中尉之子戴维·笛克携妻子来深圳大鹏拜祭刘黑仔，事后到北京见到刘黑仔的弟弟刘才，问及有无刘黑仔相片，都说没有，深表遗憾。戴维回国后，再仔细整理父亲克尔的遗物，于2011年11月底发来照片。

照片上的5人左起分别是：黄作梅、刘黑仔、曾生（司令）、林展、尹林平（政委），而照片的拍摄者，正是刘黑仔生前抢救过的美国飞行员克尔。现今，该照片已送至深圳坪山东江纵队纪念馆和鹏城博物馆珍藏。

四、参考资料

[1] 本书编辑委员会.东江纵队志（第1版）[M].北京：解放军出版社，2003.

[2] 百度百科.东江英雄刘黑仔.https://baike.baidu.com/item/%E4%B8%9C%E6%B1%9F%E8%8B%B1%E9%9B%84%E5%88%98%E9%BB%91%E4%BB%94/14900115?fr=aladdin.

[3] 百度百科.刘黑仔. https://baike.baidu.com/item/%E5%88%98%E9%BB%91%E4%BB%94/1009212?fr=aladdin.

[4] 深圳文明网.走进深圳坪山东江纵队纪念馆 听东纵与美国大兵的故事.宣城文明网，http://xc.wenming.cn/2015gzjng/gdkzjng/201506/t20150617_1790391.html，2019-09-27.

人物篇之04："交通王"杨嫲

一、人物概述

杨嫲原名杨少珍，因人极瘦而得此外号。1924年出生于贵州一户贫苦家庭，13岁被卖到香港一个资本家家里当丫头。1941年17岁那年，由香港党组织介绍到惠阳参加东江抗日游击队，很快当了交通员。她经常一身客家妇女打扮，头梳发髻，戴上凉帽，脚穿草鞋，肩扛一根藏有信件的扁担，腰挂一把割草的镰刀，讲一口流利的客家话，靠着胆识与机灵，好几次送信途中遇到敌人盘查，均化险为夷。她熟悉每条道路的地形地物，掌握沿途敌人巡逻队的活动规律，设计好遇到险情时的应对方案，每次给部队人员带路，总要按人数多少，选择哪个时辰出发走哪条路最安全，因而都出色地完成了任务。

1944年7月的一天晚上，杨嫲给曾生司令员和总队机关100多人带路，从路东穿过敌伪控制的广九铁路到路西根据地。她就是凭着勇敢机智和熟悉道路的本领，带队避开危险地段，走田埂，绕村庄，爬高山，钻涵洞，七拐八绕走了70里，安全到达目的地。曾生司令员夸奖她是"游击队的交通王"，《前进报》还登载了杨嫲的事迹。

二、教学要点

1.历经磨难的杨嫲

因家庭贫寒，杨嫲13岁就被迫给人当童养媳，饱受打骂。一天，杨嫲在路边啼哭时，遇到一个人贩子。人贩子骗她说帮她找父母，结果将她卖给了云南一个陈姓军阀当丫头。在军阀家，杨嫲继续遭受女主人的折磨。这名女主人一不顺心就把她的头往墙上撞，撞得她头破血流，头上留有好几个伤疤。因不堪虐待，跟着这家人到香港后的杨嫲再度逃走。

1941年12月8日早上，杨嫲亲身经历了日军对香港的轰炸。她看到这座城市一片混乱，街上躺着不少同胞的尸体。

1941年底，17岁的杨嫲来到东江纵队，开始了战地生活。刚来游击队一个月后，由于遭受敌人围剿，部队转移到山区，杨嫲遭受了人生又一次磨难。她发高烧，跟不上大部队，一个人到树林里隐藏起来。几天没有吃喝，这位瘦弱的女子一度昏倒在树林里。在树林里坚持了三天，直到敌人离开，杨嫲挣扎着寻找部队。她一路饮山泉水，采摘野果充饥。就要倒下时，她遇到了部队人员，被送到卫生队抢救，挽回一命。

2. 勇敢机智的杨嫲

生活的苦难没有摧毁杨嫲，在队伍中她很快成为老练的交通员。在经过敌人碉堡路段时，杨嫲会故意选择从碉堡旁边经过，因为这样最安全。在铁路边，她会先用耳朵贴着铁轨，听远方是否有巡逻队到来，然后抓住巡逻队经过的间隙穿过铁路。

杨嫲有时会将信件藏在草把内捆好，装着上山割草，化装成农妇通过铁路。一天中午，在铁路边碰到两个汉奸向她问路，杨嫲知道自己说话口音会暴露，就装作哑巴比划，蒙混过关。

杨嫲也经历过险情。一天，她送一份紧急文件时，遭遇敌人。她装作害怕，故意摔倒并滚动到稻田里，迅速将文件埋好，然后爬回路上。敌人将她扣留了一晚，她称自己是童养媳，被婆婆赶了出来，无家可归。敌人找不到疑点，就将她释放了。

3. 前赴后继的交通员

随着坪山及周边地区抗日根据地以及抗日游击队伍的发展壮大，部队和党组织之间的联系更加频繁。信件传达、人员接送、军需品转运等都需要交通员的帮助。东江游击队伍当时处于孤悬敌后的游击战状态，亟需得到各方面的支援，交通站的组织建设便立即提上日程。到1942年2月广东人民抗日游击总队正式成立，交通站点的设置逐渐成熟，交通线路也更加繁密，交通站已成为一个独立系统。

每个大队都设置了交通总站，依据交通点线配以合适数量的交通员。交通员是游击队中较为活跃的一个群体，无战事时，他们是普通老百姓，在田间地头劳动；战斗打响时，他们又是战士，奔赴战场。一些小孩子自告奋勇充当交通员，他们的年龄不过十三四岁，有的甚至才十一二岁。这些贫苦家庭出身的青少年深明大义，年纪虽小，爱国护家的胆量却一点也不小，他们靠着自己对环境的熟悉，无数次携带重要情报潜行在山林间，穿过敌人严密防守的封锁线，机智勇敢地执行任务。

交通员被形容为在刀尖上行走的职业，如果不幸被敌人堵截或抓捕，他们有的被活生生放在火堆上炙烤，有的被游街示众，有的被严刑拷打。没有哪个交通站点能保证绝对安全，也没有哪个携带任务的交通员能够次次成功。尽管危险重重，只要部队需要，仍然有一批又一批的交通员挺身而出，前赴后继。

三、延伸学习

1. "老交通员" 冯芝

1944年3月17日，为了护送一些重要文件，61岁的冯芝打扮成一个城市贫苦老妪的形象，行走在香港的街道上，尽量避免引起街头日军的怀疑。

不幸的是，在一座岗哨前，日军拦截了冯芝。她被日军作为嫌疑犯，关押进位于海边的一个监狱里审查。刚开始时，一个可能同情抗日的伪警察来搜身，从冯芝身上搜出一些材料，但他悄然撕碎扔出了窗外。但是，随后一个印度警察进来再次搜查，搜出了被冯芝缝到衣服里的文件，冯芝暴露了。

在日本宪兵部，年过六旬的冯芝经受了鞭笞、狼狗撕咬、电刑等非人折磨。据后来的记载，她仍智慧地保护自己。她回答审讯者："邻居看我穷，叫我做水客，给他带点衣服送到一个地方，给我钱，我就带了。我没文化，不懂上边写的是什么。"

但抓捕她的日军依然把她作为间谍，转送到日军海军刑务部。当年6月25日，冯芝在日军监狱被处死。据《东江纵队英烈集》描述，冯芝是在抗战中殉难的年龄较大的东江纵队女兵。

2. 深圳红色交通 "第一站"

1926年秋，皇岗水围成立党小组，庄泽民任党小组长。1927年8月，庄泽民遵照中共广东省委和宝安县委的指示，在水围村建立起党的秘密交通站，任务是沟通当时设在香港的省委机关与广州及各区县的联络、收集传送情报，及护送重要人物进出香港。交通站设在庄氏宗祠。

1928年5月，庄泽民率领皇岗水围农会武装，参加东宝工农革命军，分别攻打深圳和南头，随后因力量不足而失败，庄泽民被转移到香港士丹利街张福记洋服店以学徒身份掩护。

1930年2月，由于斗争需要，庄泽民冒着生命危险，潜回水围开设一家杂货店，恢复地下交通站，这是由中央、省委和县委直接领导的一条重要红色交通线。水围地下交通线分为外线和内线。外线由水围出发，到九龙或香港岛的秘密联络点取回上级经过密写的文件，再经由宝安转送到领导指定的目的地。内线主要从深圳墟出发，到九龙旺角大华戏院接受任务，然后返回水围，转达白石龙及楼村的宝安县委机关。同时，负责护送省委领导同志如李源、蔡如平、黄学增、阮啸垣、赵自选等经水围、落马洲出入深圳河边境线，这是省委控制的交通线，一般情况下不使用。

1942年1月12日晚，庄泽民和"白皮红心"村长庄欣同等人，在落马洲接到化装成难民的邹韬奋、茅盾一行20多人，越过日军封锁线，机警地用3艘小船横渡深圳河，从水围码头带到在赤尾村接应的刘鸣周部队，然后进入白石龙抗日根据地。半年多时间里，像这样由交通站负责西线秘密营救文化人的行动，达30批数百人。

抗战胜利，东纵北撤，面对国民党挑起内战，庄泽民、庄福泽按上级党组织指示加强红色交通线。庄福泽将自己弟弟庄福松发展为助手，随后他弟媳妇、老母亲都参与，庄福泽家庭成为水围交通线上又一个重要堡垒。水围交通站只要接上级通知，随时用虾船接送人员、医药和武器，然后组织水围可靠的妇女群众挑去梅林、望天湖等地部队里。

水围皇岗，成为深圳河上沙头角、莲塘、白石洲四大交通线上最为活跃的交通站，故被誉为"深圳红色交通第一站"。

3. 大鹏湾的"海上交通线"

1938年10月，日寇从大亚湾登陆，深圳和香港相继沦陷。出生在香港九龙的刘培，参加游击队，活动在新界西贡赤径一带。1941年12月20日，刘培接到广东人民抗日游击队的命令，到葵涌组建海上游击队（后为护航大队），并出任队长。在中共大鹏区委和土洋沙溪乡乡长的支持下，海上游击队向村民征用一艘风帆小木船，船上除了一位村民舵工外，9名游击队员配备轻机枪、长短枪和手榴弹。

海上交通线一建立，马上把港九大队在香港收集到英军丢下的武器及军用物资，运回沙鱼涌交给总队部；二是掌握日伪在海上的动向，打击海匪，缴获4艘匪船武装自己，同时保护客商来往货船，客商物资得到保障，主动向游击队缴纳保护费，为部队解决经费困难；三是缉拿走私船，缴获的私货交给设在沙鱼涌的省委交通站——万隆货栈处理，充实抗日费用。

大鹏湾海上交通线，不仅是一条情报线、运输线，还是一条生命线。

1942年1月2日，刘培率两艘帆船到西贡海湾接受一次特殊的护航任务。在夜幕掩护下，一胖、一矮、一高的三位化了装的客人，在港九游击队负责人蔡国良、黄冠芳和刘黑仔的贴身护卫下上了船。在船上刘培不便打听客人身份。经过七八个小时高度警惕的夜航，几次巧妙避开日军巡逻艇，有惊无险地抵达沙鱼涌，然后又把他们送到坪山田心村的地下交通站，这时才知道一路护送的是八路军驻香港办事处主任廖承志和连贯、乔冠华同志。三位领导首闯大鹏湾，是为了准备营救滞留在香港沦陷区的文化名人。

根据营救文化人路线的安排，何香凝等年迈体弱，无法随同队伍从陆路撤走。情况紧急，爱国商人廖安祥用先前买下的船，让人护送何香凝和柳亚子等人离开香港。本来两天可到达东江，却在海面上漂泊了好几天，船上的食物和淡水全吃完了。正当万分危急时，刘培的海上侦察船执行完任务驶过，施以援手，送来烧鸡、鸡蛋、奶粉和番薯等。何香凝一行前后经过7天7夜，终于安全驶达海丰。

四、参考资料

[1] 本书编辑委员会. 东江纵队志（第1版）[M]. 北京：解放军出版社，2003.

[2] 高龙. 情报员日军监狱受酷刑捐躯. 南方都市报，2015年07月08日.

[3] 坪山区委组织部. 战时交通员 秘密交通线. 坪山先锋，https://appatt.sznews.com/jzApp/files/szxw/News/202108/03/547978.html，2021-08-03.

[4] 廖虹雷. 地下红色交通线的生死故事. 深圳商报，http://szsb.sznews.com/PC/layout/201708/01/colB05.html，2017-08-01.

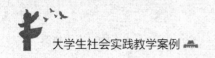

人物篇之05："小鬼班"五烈士

一、人物概述

1944年，东江纵队第五大队的独立三中队，又称"飞鹰队"，活跃在淡水清溪平湖一带。7月21日晚，飞鹰队集中150名兵力，在包括山厦、平湖、观澜、龙华民兵50多人的配合下，自东莞黄洞向平湖秘密进发，准备攻打驻守平湖的伪警中队。

7月22日凌晨4时，战斗打响。飞鹰队第一小队"小鬼班"作为突击队，在班长黄友的带领下，秘密接近目标后强行通过铁丝网，干掉敌哨兵，在兄弟部队密切配合下直扑后门向伪警察所发起猛攻。战斗中，黄友和战友用手榴弹压制住敌人，用小包炸药打开通路，在机枪火力掩护下冲入敌营，仅用20多分钟，就俘虏伪警中队长蒙德普等40余人，缴枪70多支，我方仅牺牲1人，负伤5人。战斗中，"小鬼班"副班长李查理不幸中弹牺牲。

当日拂晓，部队迎着台风暴雨，押着俘虏、抬着伤员向东莞凤岗官井头撤退。黄友带领"小鬼班"走在最前面，担任尖兵队，在行至老虎山脚沙岭村附近时，与日军400余人遭遇。敌人此时已经占据了有利高地，而飞鹰队却行进在一片开阔的稻田地带，形势非常不利。为掩护主力部队撤退，黄友指挥"小鬼班"抢占了稻田的一条较高的田基堤围，对日军展开阻击。

黄友率领"小鬼班"战士沉着应战，在阵地上坚持了一个多小时，打退敌人多次进攻，毙伤日军40余人，直至飞鹰队主力100多人安全撤出开阔地。战斗中，傅天聪、尹林、赖志强、李明等战士先后牺牲。日军发起新的冲锋，此时黄友大腿被打断，多处受伤，血染全身，仍和战友坚持战斗。他见一名新战士身受重伤，命令他撤退，自己留在阵地上掩护。子弹打完后，他将随身携带的文件和驳壳枪埋入稻田淤泥里，奋力向敌人投出了最后一颗手榴弹，最后壮烈牺牲。黄友年仅17岁，"小鬼班"的战士牺牲时年龄均不满20岁。

二、教学要点

1. 老虎山下的英雄

1944年9月，飞鹰队在石马桥战斗中全歼日军守军，用胜利奠祭牺牲的战友。飞鹰队队长何通写了《老虎山下的英雄》一文，记述了"小鬼班"的光辉事迹。

1944年11月，东纵司令部通报表彰并向党中央汇报了黄友的英勇事迹。纵队司令部和政治部发出通报，授予黄友"抗日英雄"的光荣称号，并将飞鹰队小鬼班命名为"黄友模范班"。党中央和军委从延安复电东江纵队，追认黄友为"广东人民抗日游击队战斗英雄"和"中国共产党模范党员"。延安《解放日报》以《东江纵队五少年英雄以一当百光荣殉国》为题，进行了详细报道。

2. "抗日英雄"黄友

黄友(1927—1944)，东莞凤岗镇凤德岭村人。自幼家境贫穷，读了四年小学，便跟祖父爬山涉水，帮牛贩赶牛放牛，从小锻炼出勇敢顽强的性格。

1941年，参加抗日游击队，在廖彪队当通讯员。

1942年4月，第一次参加战斗，即表现出不怕牺牲的锐气，被提升为"小鬼班"副班长。同年10月，在清溪三峰与迎面扑来的日军搏斗，大腿被刺伤，仍顽强地击毙敌人，缴获一支三八步枪，被提升为"小鬼班"班长。

1944年春节前，日伪军包围虾公潭村，将群众集中起来用毒气熏。正在紧急关头，黄友带领"小鬼班"冲入敌群，毙伤日伪军十多个，将待毙的群众解救出来。

1944年7月22日，飞鹰队在老虎山下沙岭与前来截击的藤本大队400多个日兵相遇。为掩护主力撤退，黄友指挥"小鬼班"战士顶住了敌人的进攻，使部队安全转移，自己壮烈牺牲。

三、延伸学习

1. "小鬼班"班长马金牛

19岁正是花样年华，很多人刚刚踏进大学校园，享受青春。而在抗战时期，许多19岁的年轻人已拿起刀枪，奋战在抵抗日寇的战场，甚至献出自己年轻的生命，抗日"小鬼班"班长马金牛就是其中一位。

1924年出生的马金牛家境贫寒，从小就为地主放牛。1938年，马金牛参加了新四军，奉茅山独立团一营二连指导员朱之生之命，他又带了20多个少年入伍，其中12人成立了"小鬼班"，他担任副班长。入伍后的马金牛每天认真学习军事技能，不到两个月就当上了班长，而"小鬼班"的战士们在他的带领下，犹如一群小老虎，作战非常勇猛。

"小英雄，马金牛，带领小鬼班，死守戴家桥，狠揍鬼子威名传！"1941年的戴家桥之战，马金牛和他的"小鬼班"坚守戴家桥阵地，阻击了十多倍于己的敌人，从此名扬江南战场，他们的事迹被编成歌谣在新四军中广为传唱。

1942年4月，朱之生调任江宁县军事科长兼警卫连连长，马金牛和"小鬼班"战士随之加入了江宁县警卫连。1943年8月，江宁县警卫连部分战士和县机关人员在方山附近的李家庄宿营。拂晓时分，凤凰山据点的日伪军前来扫荡，马金牛率先发现敌情，立即带领"小鬼班"向外猛冲，敌军猝不及防，被赶出村外；但在追击中，马金牛被隐蔽在瓜田里的日军射中腹部，他忍痛继续作战，又被击中头部，壮烈牺牲。在马金牛等人的有力掩护下，大部分战士和机关干部顺利突围。战斗结束后，马金牛被葬于方山南坡，朱之生亲自在墓碑上镌刻"民族英雄马金牛之墓"九个大字，纪念这位19岁的抗日英雄。

2. "小鬼班"血战朱家岗

1942年12月9日深夜，日军金子联队的三个大队，加上伪军共1500多人，在夜色掩护下，正悄无声息地偷袭包围朱家岗。新四军第四师第九旅第二十六团指战员们奋起反击，浴血拼杀，打退了日伪军数十次疯狂进攻，但日伪军仍一次次发起进攻。

当打退敌人第五次对东南圩门的冲击之后，第二十六团的几个领导同志分析了当前情况。这时，严光副团长乐观地说："我手里还有一'小鬼班'的预备队，现在这块钢该用到刀刃上了。"

第四连九班被称为"小鬼班"，战士只有十五六岁，多是淮北根据地贫苦农民的孩子。他们有的忍受不了地主的皮鞭，有的熬不过困苦生活的折磨，有的父母、兄姐被日军杀害成了孤儿，于是自动投奔到部队，一直发展到了10多名。

"小鬼班"被迅速集中起来了，他们穿着宽大的不合身的棉袄、棉裤，腰间掖着手榴弹，手里紧握着大刀，整齐地站在烈火浓烟的圩子里，听严副团长的战斗动员。严副团长说："'小鬼'同志们，谁是穷人的硬骨头，就在这最困难最危险的时刻站出来吧！刺刀见血最英雄，杀敌立功最光荣！""小鬼"们听着严副团长的动员，看到三排战士们的牺牲和负伤，激起了难以压制的复仇烈火："谁怕死，谁狗熊！副团长，布置任务吧！""我们一定能守住东南门，一定能打退鬼子！""小鬼"们个个坚强勇敢，他们的英勇气概无异于身经百战的老战士。严光副团长眼看着一个个站在面前的脸上带着稚气的小战士，心情非常激动，把全班编成了两个突击组、一个抢车组。

激烈的战斗又打响了，"小鬼班"战斗情绪极为高涨，他们在圩内机枪、步枪火力的掩护下，突击组先向敌人投了一阵手榴弹，把敌人打乱。接着，挥舞大刀，高呼着"为烈士报仇"的口号，直冲敌群。当日军被"小鬼班"突然袭击，搞得晕头转向个个狼狈逃窜时，"小鬼班"的抢车组乘势把大场上的两辆大车抢了回来，把炸毁的圩门堵塞起来。

看到敌人狼狈溃逃，"小鬼班"战士们的脸上露出了胜利的微笑。从友邻阵地工事中传来了"打得好！打得妙！"的喊声，整个阵地充满了胜利的喜悦，战士们对于守住曹圩更增添了信心。下午两点多，敌人又在猛烈的炮火掩护下发起了攻击，密集的炮火把掩体大部轰平，阵地上硝烟弥漫，让人呼吸困难。尹作新副连长和"小鬼班"班长周茂松被敌人的炮火先后击中，壮烈牺牲。副班长小陈担负起指挥全班的任务，战斗组组长高佩桐、机枪手高振兴、战士王启年都像小老虎一样勇敢顽强，他们完全忘记了饥饿和疲劳，和敌人反复地争夺。两辆大车被敌人的子弹打得像蜂窝一样，"小鬼班"就以这两辆大车做依托，十进十出，反复冲杀。

从早晨到下午3时，150余个鬼子，对东南圩门进行了十几次的冲锋。直到下午4时许，第九旅旅长韦国清亲自率领骑兵部队增援来了，日军终于坚持不住，溃败而逃。东南圩门外日军遗尸累累，枪支弹药遍地，却未能跨进圩门一步，"小鬼班"的阵地像钢铁一样坚强。

四、参考资料

[1] 吴小龙."小鬼班"英烈成就不朽抗日传奇. 人民政协网, http://www.rmzxb.com.cn/c/2021-05-27/2866085.shtml, 2021-05-27.

[2] 岗镇宣传教育文体局. 抗日英雄"小鬼班". 中国文明网, http://dg.wenming.cn/ddmf/201507/t20150702_1823619.shtml, 2015-07-02.

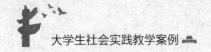

[3] 百度百科. 黄友. https://baike. baidu. com/item/%E9%BB%84%E5%8F%8B/4409585?fr=aladdin.

[4] 杜艳玲，俞菁菁. 寻访方山抗日烈士公墓——抗日"小鬼班"血战日寇保家园. 江宁新闻，http://jnxw.yunpaper.cn/Article/index/aid/332784.html，2015-08-17.

[5] "小鬼班"血战朱家岗. 宿迁史志网，2021年09月10日.

人物篇之06："革命母亲"李淑桓

一、人物概述

李淑桓(1894—1941)，原名李壶娴，广东省鹤山市古劳维塾乡人。自幼在父亲影响下熟读四书五经，尤爱《列女传》，崇尚岳飞、文天祥、花木兰等英雄，养成了坚毅的性格。1913年结婚后先后生下6子1女，大家都叫她"郭太"。曾在广州开设"时修"女子私塾，亲自执教。1930年举家迁居香港继续办学。

抗日战争爆发后，李淑桓积极参加香港的抗日救亡运动。在送长子去延安参加抗日斗争后，又先后送六个子女参加东江抗日游击队。大队长曾生曾在坪山一次群众大会上号召军民向李淑桓学习，指战员们称誉她为"革命母亲"。1941年春节过后，李淑桓来到东莞大岭山抗日根据地，部队安排她在大岭山对面的大塘村，以教书作掩护做秘密交通情报工作。1941年10月6日，国民党顽军进攻大岭山，她不幸被捕，壮烈牺牲，时年47岁。广东人民抗日游击总队办的《东江民报》出版专刊，宣传李淑桓亲送7个子女投身抗日队伍（3个儿子在部队牺牲）、自己也为革命献身的崇高精神。

二、教学要点

1. 投身革命

1931年"九一八"事变爆发后，东三省在日本鬼子的刺刀和铁蹄下沦陷，李淑桓义愤填膺，挥笔在宣纸上写下了《哀国难》一文，文章中写道："今日为我国最悲痛之日也。最悲痛之日即吾人复仇雪耻之时。"她以此文教育学生，并积极参加抵制日货活动。

七七事变全面抗战开始，香港的抗日救亡运动蓬勃兴起，如火如荼。李淑桓在香港九龙参加中共的外围组织"惠阳青年会"抗日救亡运动，接触到进步思想，受到党的教育，懂得只有共产党才能救中国。

1939年"三八"妇女节，李淑桓听了著名女革命家何香凝的演说，备受鼓舞，热血沸腾。1941年春天，她带着年仅11岁的儿子来到了东莞大岭山抗日根据地，以小学教员的身份作掩护，秘密从事情报和交通工作。

2.送子参军

全国抗日战争爆发后的第二年，即1938年春，李淑桓就全力支持长子郭显承去陕北公学和抗日军政大学学习。郭显承毕业后参加八路军，在战斗中牺牲。

1938年10月，日军在广东大亚湾登陆，香港掀起抗日救国热潮，李淑桓为次女郭云翔报名，将她送到香港参加抗日救亡工作队，并将年仅13岁的第六个儿子郭显怡送到惠宝人民抗日游击总队参加革命。

1939年5月，李淑桓第二次参加香港回乡慰问团，这次来到了龙岗坪山慰问惠宝人民抗日游击总队。部队在召开欢迎慰问团大会上请李淑桓讲话，她走上主席台，又把自己另外5个孩子叫了上去，按高矮次序站好对大家说："我有两个孩子已经参加革命，一个在陕北参加八路军，一个在香港宝安青年会搞抗日救亡工作。其余的都在这里，我现在就把他们交给部队。最小的这个儿子才9岁，我先给他报个名，长大一些就送来。抗日人人有责，我没有其他本事，就尽这份责任吧！"

1941年春，李淑桓带着年仅11岁的儿子来到了东莞大岭山抗日根据地，加入曾生领导的抗日游击队。至此，李淑桓与她的7个孩子，全部参加了抗日部队。

3.庇护战士

1940年3月，李淑桓五子郭显乐随曾生、王作尧两部东移海陆丰地区时，在掩护部队突围的战斗中牺牲。1941年初，丈夫又因肾炎病逝。李淑桓以坚强的意志忍受着丧夫失子的沉重打击，仍然全身心投入各项抗日救亡工作。

曾生、王作尧东移部队不少在战斗中被打散、与部队失联的战士，辗转来到香港找到"郭妈妈"求助，李淑桓家成为这些战士的避难所。她总是说："你们的困难就是我的困难，我有得吃，你们就不会挨饿。放心吧，我的家就是你们的家。"李淑桓的鼓励让很多和部队暂时失联、处在彷徨无助中的战士深感温暖，使他们重新燃起希望。

4.壮烈牺牲

1941年农历八月十四日，国民党顽军纠集了一两千人突然向大岭山根据地进攻，正在村里教书的李淑桓来不及转移不幸落入魔爪。顽军把她紧紧地绑在一条石柱上，并施以毒刑相威胁。她大义凛然，坚贞不屈，斩钉截铁地回答敌人："你们要杀就杀，我一个老太婆死了，还有我的儿子，还有许许多多的爱国抗日志士，你们杀不绝，他们一定会替我报仇！"敌人无计可施，用一个箩筐抬着身上和手脚被打得皮开肉绽的李淑桓，押到金桔岭顽军司令部秘密处决。

5. 革命母亲

舐犊情深的情感流淌在每个母亲的血液中，没有哪个母亲不爱自己的孩子。拥军支前，母亲叫儿女上战场，那一刻，李淑桓不再只是一个母亲，还是一名盔甲战士，连因母爱而柔软的心尖，也裹上了革命的外衣而坚硬无比。作为一名革命母亲，她命运坎坷，却深明大义。

今天，我们无法想象，这位接连失去三个儿子的母亲内心的彻骨之痛，需要一种怎样的坚强才能让一位母亲擦干眼泪，割舍柔肠，为了她心中的信仰与等待而昂起头，踏着亲人的血路勇敢前行。

没有像李淑桓一样的"革命母亲"的努力与付出，就没有抗日战争和解放战争的胜利，也没有新中国的诞生与进步。她的英名将永远镌刻在共和国的丰碑上，她的风采将永远浸染着五星红旗迎风飘扬！

三、延伸学习

1. 革命母亲赵一曼

赵一曼，原名李坤泰，1905年出生于四川宜宾，1926年加入中国共产党，早年毕业于黄埔军校武汉分校。1931年"九一八"事变后，赵一曼受党的委派，在东北的白山黑水间，领导抗日武装，狠狠打击日本侵略者。1935年11月的一次战斗中，时任东北抗联第三军第二团政委的赵一曼不幸受伤被捕。日军对她严刑拷打，但赵一曼始终没有屈服，在珠河县小北门外从容就义。

1936年8月2日晨。当时，穷凶极恶的敌人正将赵一曼从哈尔滨押往珠河县。飞驰的列车上，慷慨赴死的赵一曼向看守她的日本宪兵要来纸笔，写下了给儿子陈掖贤的最后遗言：

"母亲对于你没有尽到教育的责任，实在是遗憾的事情。母亲因为坚决地做了反满抗日的斗争，今天已经到了牺牲的前夕了。母亲和你在生前是永久没有再见的机会了。希望你，宁儿啊，赶快成人，来安慰你地下的母亲！我最亲爱的孩子啊！母亲不用千言万语来教育你，就用实行来教育你。在你长大成人之后，希望不要忘记你的母亲是为国而牺牲的。

"母亲死后，我的孩子要代替母亲继续斗争。自己长大成人，来安慰九泉之下的母亲！你的父亲到东北来，死在东北，母亲也步着他的后尘。我的孩子，亲爱的可怜的我的孩子啊！母亲也没有可说的话了。我的孩子自己好好学习，就是母亲最后的一线希望。"

在陈掖贤很小的时候，母亲赵一曼为了投身抗战，忍痛离他而去。在生命的最后时刻，赵一曼想起了自己年仅6岁的儿子。他还没成年，以后的人生路该怎样走，想到这里，赵一曼肝肠寸断。她在遗书中反复叮嘱"宁儿"（陈掖贤的小名）一定要好好学习，做一个对国家有用的人，告慰九泉下的自己。

2. 革命母亲何宝珍

何宝珍烈士是刘少奇同志的妻子，1923年加入中国共产党，曾担任汉口市妇女协会组织部部长、全国互济总会负责人兼营救部部长。1933年，何宝珍在上海被捕，被押至南京。面对敌人的拷打，何宝珍以"要杀就杀"四个字作答。1934年秋，何宝珍在雨花台英勇就义，年仅32岁。

何宝珍与刘少奇共同生活10年，育有长子刘允斌、次女刘爱琴、幼子刘允若。为了革命事业的需要，何宝珍忍痛将孩子们送给别人抚养。被捕之后，何宝珍每当想到孩子们，眼中涌满了晶莹的泪水；但她很快又把自己的思念与柔情埋入心底，她对身边的难友们说："干革命还顾得了这些！人民不解放，我的孩子也得不到幸福。"她在心底为孩子们祝福许愿："但愿小宝贝们能在艰苦的环境中生存下去。只要他们活着，等革命成功后，一定送他们去学习，让他们学科学、学技术，建设我们的国家。"

何宝珍的孩子们也理解母亲的选择。刘爱琴后来回忆起母亲，动情地说："因为我们的母亲是烈士，我们思想懈怠、无所作为，就对不起我们的母亲。我们思想进步、工作上做出成绩，才是对母亲最好的告慰。"

3. 革命母亲陶承

陶承，1893年生于湖南长沙，18岁与共产党员欧阳梅生完婚。1928年2月，欧阳梅生为革命辛勤工作，不幸病逝后，陶承带着孩子们前往上海，以家庭主妇的身份作掩护从事革命工作。

1931年，欧阳梅生与陶承的长子、时任共青团江苏省委委员和上海总工会青工部部长的欧阳立安不幸被反动军警逮捕，不久就在龙华监狱英勇就义，年仅17岁。陶承强忍悲痛，带着另外两个孩子四处奔波，辗转到达武汉。她靠做杂工谋生，终于找到了汉口的八路军办事处，并通过组织上将孩子们送到了延安。

和孩子们分别后，陶承被组织上安排到重庆八路军办事处工作，后又调到四川璧山战时儿童第五保育院，负责教养在抗战中失去了亲人的难童。1943年6月，陶承到达延安，得知小儿子欧阳稚鹤已在抗战中英勇牺牲。她将悲痛化为力量，坚持学习文化，认真做好党给她安排的工作。

陶承虽然没有担任过重要职务，但她将一切都献给了党。她的家庭满门忠烈，丈夫和两个儿子先后为革命牺牲，正是有了这样的革命家庭的牺牲，千千万万的家庭才不需要忍受失去亲人的痛苦，最终迎来了幸福生活。

新中国成立后，陶承将自己家庭的经历写成《我的一家》一书，成为影响几代人的畅销书。该书后被改编为电影《革命家庭》，给人们留下无法磨灭的记忆。

4. 革命母亲邓颖超

周恩来总理的妻子、无产阶级革命家邓颖超同志并没有自己的孩子，却被千千万万人亲切地称呼为"邓妈妈"。在人们的眼中，她是一位伟大而无私的母亲。

抗战期间，邓颖超目睹了无数孩子因为日本帝国主义的侵略，失去了父母，流离失所，生活悲惨。她积极在国统区推动战时儿童保育活动。1938年4月4日，邓颖超在《新华日报》上题词："保育儿童，是丰富伟大的事业，不仅要救济与教育儿童，尤其要以坚毅的精神，培养儿童成为建设新中国的主人。"

抗战期间，邓颖超领导创建了53个保育院，收容了近3万难童。周恩来和邓颖超没有生育，但他们收养了很多烈士遗孤、社会遗孤及其亲属家的孩子。这些孩子在邓颖超的呵护下健康成长，很多人日后成为社会的栋梁之才，他们都亲切地唤邓颖超为"邓妈妈"。

四、参考资料

[1] 本书编辑委员会.东江纵队志（第1版）[M].北京：解放军出版社，2003.

[2] 巾帼不让须眉！——"东江游击队之母"李淑桓.东莞党史网，https://

dgds.sun0769.com/detail.asp?id=2295，2015-04-24.

[3] 百度百科. 李淑桓.

https://baike.baidu.com/item/%E6%9D%8E%E6%B7%91%E6%A1%93/7826714?fr=aladdin.

[4] 巫雨花. 革命母亲——李淑桓. 东莞纪检监察网，http://dgjj.dg.gov.cn/dgjj/hsgs/202108/b3f437183d924110b590578d85481afc.shtml，2021-08-24.

[5]【南粤英烈】"东江游击队之母"李淑桓. 澎湃政务（肇庆发布），https://www.thepaper.cn/newsDetail_forward_14471537，2021-09-12.

[6] 母亲节｜回望百年党史,那些无私伟大的"革命母亲". 吴江新闻网，https://www.wjdaily.com/news/290303，2021-05-09.

人物篇之07："救护队长"张漪芝

一、人物概述

张漪芝（1920—1944),女，又名张漪兰，广州番禺瑶头村（今属海珠区新滘镇联星村）人。她13岁时随家人到香港读书，七七事变后在学校参加了进步组织"同志会"，积极从事抗日救亡工作，1941年参加中国共产党。香港沦陷后，张漪芝于1942年春跟随组织转移到内地惠阳，参加广东人民抗日游击队，先后担任连队卫生员、大队救护队队长等职务，在战场上舍生忘死救护战友。1944年11月，在围攻博罗县福田乡窑下村一个反动地主武装据点时，地主武装据守有利地形，负隅顽抗，我方伤亡较大。张漪芝不顾个人安危，为了抢救负伤战友，多次冲入阵地，不幸中弹壮烈牺牲。

二、教学要点

1. 壮烈牺牲的张漪芝

1944年11月1日黎明，张漪芝所在的独立第三大队围攻博罗县福田乡窑下村一个反动地主武装据点，战斗十分激烈。激战中，张漪芝看到一位班长负了重伤，立即跑上前去，背起伤员撤下火线，涉水过河。突然一颗子弹射过来，她腹部受伤，肠子外溢，血流如注；但她没有呻吟一声，强忍着剧痛继续背着伤员奔跑，直到昏迷过去。战斗胜利了，张漪芝却因流血过多而献出了年轻的生命。

2. 枪林弹雨中救死扶伤

在行军作战途中，医务人员为更好地照顾伤病员，总是替伤病员背包袱、扛枪支，并主动搀扶、照顾伤病员一起涉蹚河、翻山越岭。到达宿营地后，战士们都躺下休息了，医务人员仍要忙个不停，或到各班排查看病号，或为病号煎药煮饭。当伤病员衣被单薄时，医务人员便将自己的衣服、被单、毡子等盖在他们身上。当给养断绝时，医务人员便将仅有的野菜米粥先拿给伤病员吃，并想方设法摘野果、挖野菜、捡鸟蛋、捉石蛤、捕鱼虾，给伤病员补充营养。

抗战时期，东江纵队医务人员共有260余人，其中女性有241人，占整个医务队伍总人数的90%以上。其中，年龄最大的25岁，最小的才13岁。东江纵队对日伪军作战多达1400余次，残酷的战斗中，医务人员不仅要拿起枪杆子与战友并肩杀敌，还要冒着枪林弹雨抢救伤员，这些伟大的白衣战士以非凡的气概战胜无数艰难险阻，将最美好的年华献给了民族解放事业。比如，抢救伤员时脚部、腹部多处中弹，倒地后仍顽强向敌炮楼射击，为主力部队冲锋创造有利时机的卫生员梁通；本已身处安全地带，却为救伤员重返阵地，牺牲后仍一直保持掩护伤员姿势的卫生员陈坚；被捕后慷慨赴义的卫生员莫福娣；为抢救战友而血洒疆场的张漪芝、叶丽珍；等等。

3. 物资匮乏时就地取材

由于长期进行分散的游击作战，东江纵队缺少稳定的医疗后方，经常处于物资给养匮乏、医疗条件简陋、医务人员奇缺的窘境。在频繁作战中，常常是部队打到哪里，医务人员就带着伤病员转移到哪里，当地的茅屋、柴房、祠堂及寺庙等，铺上门板或稻草就变成简易病房。一些重伤员无法转移时，医务人员就带着他们转入偏僻山区，以山洞、炭窑为病房，再拿树叶铺成床，用茅草编成被子。

东江纵队药品、医疗器械严重匮乏，连队卫生员的药箱里通常只装有几支止血针、止痛针，少许棉花敷料、注射器、消毒剂、常用药和清洗伤口用的口罩。为克服缺医少药的困难，医务人员因陋就简，就地取材，自制或寻找代替品。比如，用瓦罐代替消毒锅、削尖的竹片代替镊子或探针、消过毒的石头片代替止血带、捣烂的生姜代替消炎药、香蕉麻代替绷带等。东江纵队第4支队医疗队就曾用高温煮沸的剃头刀代替手术刀，成功取出伤员肩胛骨中的子弹。

4. 艰苦岁月的医者仁心

在艰苦的战争岁月中，东江纵队医务人员在救治伤病的同时，也展现出医者仁心的大爱。当伤病员疼痛难耐时，有的医务人员就和他们对唱山歌，使他们忘记痛苦，振奋精神。当伤病员情绪低落时，有的医务人员就认真地做他们的思想工作，帮助他们扭转悲观情绪。当有的伤病员心情烦躁、乱发脾气时，医务人员不但不埋怨，反而更耐心细致地开导和安慰他们。为了感谢医务人员的辛勤付出，很多伤病员痊愈返回部队后，把缴获的小手帕、毛巾等捎回送给医务人员。

1942年4月，为协助紧急转移阳台山后方医院的伤病员，时任白石龙医务所所长的张惠文，匆忙背着尚未满月还发着烧的孩子，赶到后方医院。由于时间紧迫，她放下孩子立即着手伤病员的疏散工作。忙了大半天完成任务后，她才想起还未喂奶吃药的孩子，等抱起孩子时，孩子的身体早已冰凉。张惠文掩埋了孩子，擦干眼泪，毅然投入新的战斗。

三、延伸学习

1. 从简单分散到初具规模

日军入侵广东后，东江纵队的前身——惠宝人民抗日游击总队和东宝惠边人民抗日游击大队，迎着熊熊抗日烈焰相继诞生。1939年4月，东宝惠边人民抗日游击大队改编为国民党第4战区第4游击纵队直辖第2游击大队(简称第2大队)；5月，惠宝人民抗日游击总队改编为国民党第4战区第3游击纵队新编游击大队(简称新编大队)。东江抗日武装的建立，吸引了由内地、香港和南洋赶来的大批爱国青年，其中不乏医务人员。新编大队分配到2名男医生和10余名女医务人员，遂建立了医务所；第2大队也分配到数名女医务人员，可以进行简单的救护工作。1940年9月，第2大队和新编大队合编为广东人民抗日游击队(1942年3月改编为广东人民抗日游击总队)。这支部队回师东宝惠敌后战场后，又陆续增补了10余名医务人员，次年在东莞大岭山的瓮窑村、宝安的白石龙村修建了医务所。

1941年12月，日军侵占香港后，中共香港组织动员在九龙广华医院工作的冯慕贞、江培荃等5名护士，携带一批药品和医疗器械返回东江敌后，加入游击队。各部队遂在宝安沙梨园、东莞瓮窑、惠阳竹坑等地建立了医务所或医院。1943年12月，东江纵队正式成立后，各支队和大队均设有卫生机构。随着一批医学专业人员的加入，东江纵队的医疗骨干力量得到充实，原先分散、简单的医疗机构也逐步得以健全。1945年5月，东江纵队在罗浮山创办了一所较大的医院，能接纳伤病员100余人。

2. 边学边练与集中培训

东江纵队始终处于日伪顽军的严密包围、封锁中，作战条件极为恶劣，战斗任务异常繁重，因此对于部分未来得及培训便参军作战的医务人员，只得以传、帮、带的方式，边作战边学习医务知识和技能。例如，港九大队的医务人员中，除个别受过护士专业教育外，其余都是来自香港或大陆农村的十六七岁的年轻战士，不仅文化水平参差不齐，更未接触过医务知识，只能边学边练。

东江纵队非常重视对新入队医务人员的集中训练，如从香港动员来的女医务人员加入游击队后，立即被编入女子中队进行集训，重点提高其军政素质。军事课主要讲授行军注意事项、战场救护方法、队列操练等；政治课主要普及全国抗战形势和共产党的路线方针政策，并加强纪律教育。

到全国抗战后期，随着医疗条件的不断改善，东江纵队开始以创办培训班的形式，成批次地培养专业的医务人员。东江纵队司令部在土洋、洋坑、王母、罗浮山等地举办了4期卫生员训练班，学员均是由各支队选送而来的女青年，由专业医生任教员，共培训卫生人员130余人。学习的内容主要有疟疾、感冒等常见疾病的防治，战场救护和连队卫生管理等。学员经过几个月的培训后，大多被分配到连队当卫生员，极大地增强了基层部队的医务力量。

四、参考资料

[1] 本书编辑委员会. 东江纵队志（第1版）[M]. 北京：解放军出版社，2003.

[2] 朱姝璇. 火线上的生命守护者. 解放军报， https://www.81.cn/jfjbmap/content/2020-05/03/content_260441.htm,2020-5-3.

人物篇之08："女连长"李玉珍

一、人物概述

李玉珍，云南省人。1922年出生于一户穷苦家庭，5岁被卖给香港一家马戏团当"江湖女"，受尽毒打辱骂。14岁流落街头，恰遇一位中共地下党员，指引她参加党的外围组织"惠阳青年会"和"余闲乐社"，从此投身革命洪流。1938年随回乡服务团来到惠阳坪山参加东江抗日游击队，不久加入中国共产党，当连队卫生员。

1942年春部队攻打沙井伪军，李玉珍和游击队一起冲进伪军驻守的祠堂，以胆识和智慧制服20多名伪军，使其缴械投降。1943年11月19日，日军发动对大岭山的"万人大扫荡"，李玉珍从火线上抢下7名伤员，左大腿被子弹击中，仍忍痛背着1名重伤员匍匐前行。她使出杂技绝招用手攀住陡壁缝中的树干，让伤员抓住她的右脚滑下山坑隐蔽。到了夜里，她拿出医用钳子硬是把子弹从左腿肌肉里挖了出来。1945年春，李玉珍被任命为前进大队第二中队中队长，在此后的战斗中显示出了她的指挥才能。

二、教学要点

1.悲惨少女

1927年，年仅5岁的李玉珍就被卖到了当时风靡全国的"岑福祥"马戏团，离开了云南，开启了命运多舛的江湖生涯。起初她在魔术"截美人"中扮演美人，不到一年就开始单独表演"踩钢绳"。她的聪明伶俐，大胆泼辣，使她到了8岁就可以出演令人提心吊胆的"三绳吊"了，但为了刺激的效果，马戏团老板从不让她用安全绳。仅仅几年功夫，李玉珍就成了马戏团的摇钱树；然而对于这棵摇钱树仍然免不了严厉的惩罚，轻则藤条藤板，重则头顶水瓶跪地几小时，稚嫩的膝盖早跪出厚厚的老茧。随着时间的流逝，马戏团老板每次毒打之后，李玉珍的哭声逐渐减少，取而代之的是眼中令人心悸的光芒，是不屈的怒火，是无声的反抗。

10岁那年，马戏团来到香港表演。演出那天当她站在舞台表演时，面对台下震耳欲聋的喝彩和铺天盖地的轻佻的口哨时，或许是太紧张，或许是太疲劳，一个不慎就从一丈高的空中摔了下去，一场演出就这样演砸了。散场之后，老板借酒逞凶，当着她的面砸碎了酒瓶，逼她跪在碎玻璃上，殷红的鲜血洒了一地，然而鲜血也唤醒了她那颗不屈的心。就在当天晚上，趁着夜深，她只身逃出了虎口。

离开马戏团后，10岁的李玉珍被骗去做丫鬟，一年后又以40大洋的价格卖给了一个广州的万恶资本家。在广州的两年，她成了太太们肆意虐待的对象，常常旧伤未好又添新伤，终于在一次被富家太太用菜刀砍出一道寸把长的裂口后，她逃走了。李玉珍边讨饭边流浪，兜兜转转在14岁那年又来到香港，在一家灯泡厂做起了童工。不久，又由于受到几名痞子的毒打和报复，她被开除了。

2. 参加游击队

踌躇在街头的李玉珍看着人来人往，好想放声大哭。就在她感觉自己快要撑不下去的时候，恰遇中共地下党员香翰芬，这位好心的牛奶厂大婶向她伸出了双手。香翰芬很同情李玉珍的遭遇，不仅帮她找到了活下去的出路，还帮她找到了活下去的信念。在香翰芬的影响下，李玉珍开始活跃于党的外围组织"惠阳青年会"和"余闲乐社"，积极参加集会、游行，卖花筹款，支援前方抗战。

1938年随着抗日高潮的到来，李玉珍随惠阳青年会辗转数百里从香港来到坪山抗日游击区，参加东江抗日游击队。在那里，年仅16岁的她加入了中国共产党。从此，为了新中国，她踏上了一条充满血与火的道路。

3. 烈火中成长

1943年11月19日，作为部队卫生员的李玉珍遭遇了日军的冬季万人大扫荡。面对数倍的敌人，战士们面临惨烈的战斗和残酷的考验。李玉珍从火线上抢下7名伤员，左大腿被子弹击中。她忍住巨痛，一手搀扶伤员，另一边挂着伤员的一挺轻机枪和步枪，从莲花山到大岭山，仅仅8公里的路程就花了8个钟头。

天亮后，部队开始突围，李玉珍带着3名重伤员留下来。然而，敌人却像发疯一样对大岭山展开搜捕。三名重伤员，一个伤左臂和腿，一个伤小腿，最严重的是腹股沟受伤的刘班长。为了迅速找到隐藏地点，李玉珍只有背着刘班长匍匐前进，多少次都连人带枪滚出了几丈远，但她都不为所动，喘喘气继续前进，伤员都被她这种惊人的毅力所感动。

天无绝人之路，当血红的太阳快要下山时，他们在陡壁上发现了一个可以隐藏的小山坑；但陡壁到山坑有两丈深，该怎么下去呢？她攀住峭壁上的一棵树，对三位重伤员说："抱住我的右腿，爬下去。"办法是妙，但她只是个20出头的女同志，能受得住吗？李玉珍看出了战士们的心思，低沉地命令道："快下，时间紧迫。"于是3位重伤员就在她镇定的目光下，依次落到山坑。就在这时，一个壮观的场面出现了。只见李玉珍双腿一蹬，手一松，整个身子划出一道美妙的弧线，在地上打了个滚，便稳稳地站了起来，像极了雄鹰展翅。

在小山坑的第二天，由于得不到有效的治疗，加上高强度的行军，李玉珍的左腿化脓了，行动十分困难。为了不影响伤员的情绪，李玉珍趁着夜色，远离了伤员，悄悄来到坑边。在毫无麻醉的情况下，拿出血管钳，把左腿搁在岩石上，硬是把一颗子弹给挖了出来。仅仅休息了十多分钟，李玉珍抹去满脸的汗水，顽强地站了起来。她外出找到地方党组织，把重伤员和自己转移到部队医院。

4. 指挥才能

在1944年3月龙岗低山一次同顽军的战斗中，李玉珍跟随突击班埋伏在甘蔗林里，当顽军进入伏击圈，部队就要发起冲锋的时候，恰好班长疟疾发作浑身颤抖躺倒不起。李玉珍挺身而出接过班长的枪，挥手大喊一声："大家跟我来！"李玉珍像旋风般向敌群冲杀过去，接着又拿起受伤战士的机枪向逃敌扫射，并率先跳入激流泅水过河追击顽军。

1945年1月在龙岗圩，部队与来犯的日军展开激战，李玉珍奉命将敌军增援的紧急情况报告给队部。她勇敢地闯过敌人阵地，几个鬼子端枪追来，她边走边拔出手榴弹，突然转身向鬼子投掷过去，炸得鬼子血肉横飞。李玉珍胜利地完成了任务。

1945年春，第三支队支队长彭沃任命李玉珍为前进大队第二中队中队长。自此，她带领100多名战士经历多次战斗。7月的一天上午，李玉珍凭着对敌斗争的经验，辨认出从前方走来20多个穿黑衣服挑着担子的男人是国民党反动军队的便衣，马上指挥连队抢先占领两侧山头，待敌人靠近时，全连像猛虎下山冲下去，仅10多分钟就把这股敌人消灭。此战显示了李玉珍的指挥才能，受到支队长彭沃的表扬。

三、延伸学习

《东纵英雄列传》（10册），由深圳儿童文学学会创作，深圳报业集团出版社2018年3月出版。

该丛书精选了东江纵队纪实人物故事，有东江纵队的灵魂人物、司令员曾生；令日军恨得咬牙切齿的抗战奇侠刘黑仔；先后支持、带领7名子女从香港回国参加抗日战争的"东纵妈妈"李淑桓；为掩护部队撤退被日军杀害的抗战少年黄友；以小木船痛打日军的海队猛将欧锋；东纵交通线的交通站站长月姐；待战士如兄弟的兰姐（卫生员）。同时，也包括抗战期间发生的抗战大事件，如香港文化名人的"大营救"以及"营救美国飞行员"等感人的真实故事。

这是一套专业性和通俗性兼备的优质历史文化科普读物。根据源起和活跃在深圳地区的东江纵队的抗战史实，创作真实可信的、适合学生阅读的故事，同时还根据学生的阅读兴趣配以相关的图画，图文并茂相得益彰，让历史事实转化为可读可视的绘本故事，让历史不再是学生们眼中难懂和枯燥的材料。

四、参考资料

[1] 本书编辑委员会.东江纵队志（第1版）[M].北京：解放军出版社，2003.

[2] 重走东纵路 东纵英雄：李玉珍.深圳文明网，http://gdsz.wenming.cn/wmbb/201508/t20150817_1917657.htm，2015-08-17.

[3] 舒苒.东江纵队唯一一位女连长，从悲惨花季少女到革命战士的蜕变之旅.腾讯网，https://new.qq.com/omn/20201101/20201101A00J1J00.html，2020-11-01.

人物篇之09：“海外赤子”钟若潮

一、人物概述

钟若潮（1911—1944），原名钟计廷，又名李中。广东梅县水车镇人。1938年自泰国回国加入中国共产党，投入抗日斗争。1939年春任东江华侨回乡服务团增（城）龙（门）队副队长，在增城县腊布、竹坑一带开展抗日救亡工作。1940年春任中共增城县南区区委书记、增（城）从（化）番（禺）沦陷区工作委员会宣传委员等职。1941年4月任广东人民抗日游击队增从番独立大队主力中队政治指导员。1942年秋调到广东人民抗日游击总队第三大队政治中队任政治指导员。1944年春，任东江纵队第三大队独立中队（即飞马队）政治委员。

1944年5月初，东江人民抗日游击独立纵队集中在东莞梅塘地区整训，领导机关就驻在梅塘马山下的龙见田村里。5月7日，日军加藤大队和伪军共400余人，配有炮兵和骑兵，从樟木头出动奔袭驻地，妄图一举歼灭东纵领导机关。为了掩护纵队领导机关和群众安全转移，钟若潮奉命率领独立中队突击队（共两个小队），抢占梅塘制高点马山，以火力压制敌军。敌人则以密集的火力，掩护骑兵、步兵，发起了一次又一次的进攻，每失败一次，就更疯狂地用小钢炮猛烈地轰击，把山上的树木都打得光秃秃的。钟若潮率领战士们利用地形，接连粉碎了敌人的六次冲锋，坚守了阵地，赢得了时间，保证了东纵领导机关的安全撤退。在激战中钟若潮英勇牺牲，时年33岁。

2015年8月，钟若潮被列入民政部公布的第二批600名著名抗日英烈和英雄群体名录。

二、教学要点

1.海外赤子，重返祖国

钟若潮因家庭贫困，仅读过三年书。1926年赴暹罗(泰国)谋生，从事理发业。1927年，参加暹罗工人工余书报社，刻苦学习文化。为了继续提高文化水平，1931年回广州一边做工，一边自学。1933年再次到暹罗后，在经济十分困难的情况下，又读了一期国文补习班。从1934年开始，在暹罗进步思想的影响下，阅读了《大众哲学》《社会学概论》等进步书刊，以及不少"左派"作家的文学著作，迅速提高了政治思想觉悟。1935年，参加暹罗共产党外围组织——暹罗反帝大同盟。1936年参加暹罗共产党，担任地区的支部书记。1937年7月，"卢沟桥事变"后，他参加了暹罗共产党领导的华侨抗日组织，负责理发行业的领导工作。1938年10月，与爱人王丽、弟弟钟育民回到香港，同八路军办事处取得联系，并在香港参加了惠阳青年回乡救亡工作团，回到惠阳坪山，投入抗日斗争，同年底转入中国共产党。

2. 扎根群众，深入敌后

1939年春，正当国民党大叫"溶共""防共""限共"，掀起"倒退""分裂""投降"活动之际，钟若潮参加了东江华侨回乡服务团，任增（城）龙（门）队副队长兼福和区工作组组长，在增城腊布、竹坑一带开展抗日救亡工作。他率领工作组深入群众，宣传抗日，组织起农抗会、青抗会、妇抗会，办起了三所农民夜校，并以此为阵地，组织群众读书、唱歌、演戏、讲演、出墙报，大力宣传抗日救国，很快把抗日救亡运动搞得热火朝天。

1939年秋，钟若潮在竹坑、下塘等地，先后发展了张继叔、张达祯、张杨水等13人入党，成立了党总支，钟若潮任总支部书记，在竹坑、下塘、旺村一带播下了革命的火种。年底，钟若潮根据中共增龙工委的指示，组成沦陷区工作组，深入敌后（福和的牛眠窝、华山肚），协助增龙工委建立起党领导下的第一支外围武装，挂名"国民党六十三军随军杀敌大队"，下辖三个中队，共200多人。钟若潮负责这个大队的政治工作，并参加指挥袭击福和、塘尾、官塘等据点的日寇，牵制了敌人的大部兵力。

1940年底，中共增（城）从（化）番（禺）沦陷区工委成立，钟若潮任宣传委员兼基干队指导员。他和郭大同、刘志远等在佛子庄、竹山岜和旺村先后举办了党员骨干训练班和游击训练班，发展了30多名党员，培训了近百名游击骨干，并在大坑、大磨、花山、何木、佛子庄、竹山、油麻山、石迳、禾朗等地建立了八个党支部，为开展敌后游击战争，建立抗日游击根据地创造了有利条件。

3. 严于律己，关心同志

1942年秋，钟若潮调到广东人民抗日游击总队第三大队黄布中队任政治指导员。到任后，钟若潮言传身教，处处以身作则，起模范带头作用。不少战士的草席破了，好些战士连鞋也穿不上，钟若潮看在眼里，记在心上。他不仅发鞋时先发给战士，自己打草鞋穿，而且抓紧空隙时间，带头上山割草，发动战士用自己勤劳的双手，编草席、织草鞋，改善部队的生活条件。在行军途中，他替年幼体弱的战士扛枪、背米袋；战士们病了，他嘘寒问暖，送医送药到床前。1943年天大旱，出现大饥荒，部队连饭都吃不上，一天只能吃上两顿稀饭。钟若潮想方设法，领导部队和周围的群众开荒扩种、浇水救苗，度过灾荒，把温暖送到战士和群众的心坎里。因此，战士和群众都喜欢接近他，有话都主动找他说，都把钟若潮看作是自己的贴心人。

4. 善于团结，善于斗争

1944年初，以梁德明起义部队为基础，东纵第三大队成立了独立中队（即飞马队）。为加强党的领导，上级任命钟若潮为政委。他运用多种形式，召开各种大小会议，控诉日本帝国主义侵略我国的罪行，对起义人员进行民族气节教育，并经常同起义人员促膝谈心，以"救国不分你我，抗日不分先后"的道理，耐心启发他们的觉悟，很快就把起义人员的积极性调动到抗日救国方面来。

为了锻炼部队的战斗力，1944年4月间，钟若潮率领该中队的十多名战士，化装后深入水乡，奇袭卢村，一举歼灭伪军刘发如部40多人，缴获轻机枪2挺、步枪40多支。大队领导表扬钟若潮不愧是个出色的政工干部，而且还是一个很好的指挥员。

三、延伸学习

1. 海外赤子王丽

王丽，1916年出生于泰国曼谷一个华侨工人的家庭，9岁开始在火柴厂当童工，20岁进入进步夜校读书，并参加泰国（暹罗）华侨妇女抗日救国联合会。1938年10月，她与丈夫钟若潮趁欢度新婚蜜月之际，悄悄回到惠阳坪山参与抗日救国活动。1939年，夫妻俩被分配到东江华侨回乡服务团工作。1942年，他们被调至惠东宝抗日游击队，丈夫赴前线抗敌，王丽被安排在部队医院工作。

同年5月的一天，当游击队主力到外线作战时，顽军一八七师突然向隐蔽在宝安西乡铁岗村的部队医院猛扑过来，王丽为了掩护伤病员而被捕。在审讯中，敌人极尽严刑拷打，也没有从王丽的口里得到半点"秘密"。顽军连长毫无办法，于是，凶相毕露地把驳壳枪亮出来，放在桌子上，逼迫王丽供出部队的去向。王丽乘敌连长点火抽烟的一刹那，一个箭步跃上去，把敌人的驳壳枪抢过来，对准敌人就打！可是，由于驳壳枪的保险掣还未打开，枪没有打响。敌人立即反扑过来，结果枪又给敌人重新夺过去。王丽在同敌人的搏斗中被杀害。

2. 海外赤子朱金玉

朱金玉（1922—1942），女，越南华侨，祖籍广东省南海县（今佛山市南海区），1939年回国参加抗战，1940年加入中国共产党。1941年春，朱金玉被派到龙华上水径村开展民运工作。1942年春，朱金玉转到宝安洪田村做民运工作。7月的一天，国民党顽军在拂晓前突袭洪田村，朱金玉来不及撤离而被捕。

当天晚上，国民党顽军营长黄文光在太和学校（今石岩学校）审问她，用诱降的口气对她说："我是堂堂国军营长，你这么年轻漂亮，只要你听我的，可以做官太太，享不尽荣华富贵。"朱金玉轻蔑地说："要我跟你们同流合污残害老百姓？别做梦！"黄文光见软的不行，就威胁她说："还有谁是游击队？谁是民运队员？不说出来，我枪毙你！"朱金玉怒斥黄文光："你知不知耻？你们身为中国人，国难当头不打日本鬼子，却把枪口对准抗日游击队，你们比土匪还要坏！"乘敌人不备，她抢过一根木棒奋力向黄文光打去。恼羞成怒的敌人用皮鞭抽打，用钢针钉十指尖，最后又用电刑，朱金玉几次昏死过去。敌人把她严刑拷打了7天，始终一无所获。最后，敌人把奄奄一息的朱金玉拖到石岩圩沙河坝杀害。

四、参考资料

[1] 党史人物. 钟若潮. 梅州党建，2005年04月06日.

[2] 本书编辑委员会. 东江纵队志（第1版）[M]. 北京：解放军出版社，2003.

[3] 中共东莞市委党史研究室. 东江纵队第三大队独立中队政治委员——钟若潮. 东莞纪检监察网，http://dgjj.dg.gov.cn/dgjj/gyhsyj/202107/95f9de3383b24e7f864dbc16f5d57ce3.shtml，2021年07月27日.

[4] 杨群熙. 甘洒热血献青春. 汕头特区晚报，2015-08-02.

人物篇之10："办事处主任"黄作梅

一、人物概述

黄作梅，男，笔名黄傲霜、黄中流等，1916年2月出生于香港新界上水，1935年7月高中毕业于香港皇仁书院，并获得进入香港大学的资格，因家贫辍学。1936年1月报考港英政府文员，被分到湾仔政府货仓做职员。后参加香港左派进步团体"怒潮"读书会，一度遭到逮捕。1938年，参加党领导的读书会"蚂蚁社"，宣传抗日救国思想。1938年10月广州沦陷后，他与李援华、李匡华等组织中华圣教总会歌咏班，教唱抗日歌曲，演出话剧，为抗日开展募捐。1939年5月，在香港海军船坞当文员。1941年6月，黄作梅在香港加入中国共产党。太平洋战争爆发后，1942年1月，黄作梅参加广东人民抗日游击队东江纵队。

日军侵占香港后，黄作梅作为东江纵队港九大队国际工作小组负责人，积极参与营救爱国民主人士、文化人士以及盟军和国际友人；又奉命与其他同志一起协助"英军服务团"在九龙新界建立情报站和秘密交通线，使营救英军被俘人员取得进展。1943年4月黄作梅任港九大队政训室国际统战干事，随后又任中共广东省临委电台负责人、港九大队新兵及基层干部培训班政治教官、港九大队政训室连队组织干事、港九大队主力中队指导员等职。

1944年经中共中央同意，东江纵队开始与美军进行情报合作，黄作梅任东江纵队联络处首席翻译官及联络员，负责与美军驻华第十四航空队代表欧戴义的联络工作。后来欧戴义曾致信东江纵队司令员曾生，赞扬黄作梅的优良工作。东江纵队主力北撤山东后，黄作梅成为继袁庚之后的东江纵队驻香港办事处主任。

抗战胜利后，黄作梅按照党组织的要求，重返香港，筹备东江纵队驻港办事处，后任办事处主任。1946年6月，黄作梅应英王乔治六世的邀请，以东江纵队港九大队国际小组负责人的身份到英国伦敦参加第二次世界大战胜利游行，英王授予黄作梅大英帝国勋章员佐勋章（MBE），表彰其对英军在东南亚军事行动作出的贡献。

1947年6月，黄作梅任新华社伦敦分社社长。1949年5月，任中共香港临时工委候补委员和中共香港工作小组组长，同年8月任新华社香港分社社长。1955年4月11日，黄作梅等乘坐的"克什米尔公主号"飞机因遭定时炸弹袭击，不幸牺牲。

二、教学要点

1. 遇袭牺牲

1950年1月6日，英国正式承认中华人民共和国，周恩来决定将新华社香港分社升格为中国内地驻香港官方代表机构，此时黄作梅除了新闻工作之外，还负责办理中国政府和港英政府交往的事务性工作。

1955年初，新华总社派黄作梅和总社对外部主任沈建图等人，随同以周恩来为首席代表的中国代表团，参加于1955年4月18日在印度尼西亚举行的万隆会议。4月11日下午1时，黄作梅作为一路的领队和中国代表团工作人员与记者等7位同志，乘坐印度航空公司"克什米尔公主号"飞机从香港直飞印度尼西亚首都雅加达，由于台湾蒋介石当局特务潜放在飞机上的定时炸弹爆炸，飞机在北婆罗洲沙捞越西北上空坠入海中。黄作梅和新华社记者沈建图、李平，中国代表团工作人员石志昂、李肇基、钟步云，中央人民广播电台记者杜宏，中央新闻电影制片厂摄影师郝凤格，以及3名分别来自波兰、奥地利和越南的记者全部遇难。

为纪念在"克什米尔公主号"事件牺牲的烈士，中国政府在北京八宝山革命公墓建立了一座纪念碑。纪念碑正面镌刻周恩来总理亲笔题写的"参加亚非会议的死难烈士公墓"，背面刻有11位烈士的姓名和简历。石碑上还刻有记载烈士们殉难经过的碑文，最后一句是："为和平、独立和自由的事业而光荣牺牲的烈士们永垂不朽！"

2. 临危不惧

台湾特务得知周恩来总理亲自带队参加万隆会议，策划炸掉中国代表团的包机"克什米尔公主号"，对周总理实施暗杀。在出发前，新华社香港分社已接到外交部紧急通知，黄作梅等安排工作人员数次与飞机的运营商印度航空公司交涉防范飞机被破坏事宜。

尽管黄作梅从未对夫人雷善儒说过什么，但她还是从丈夫出发前的一系列紧张准备中感受到一丝不寻常。"他们头一天晚上开会到12点多，具体的情况都没有说，这是保密的。"从战争年代走来，又身处当时政治环境极为复杂的香港，雷善儒与她的丈夫一样，对危险早有思想准备。谈到丈夫从容面对生死考验，雷善儒眼含热泪、声音哽咽："对个人而言，从入党开始、从参加革命开始，都是准备为共产主义事业献出自己的生命。特务的目标是总理，我就拿这个来安慰自己：幸亏总理没在上面。我们个人的牺牲就是牺牲小我……"

黄作梅的五弟黄作材当时也在新华社香港分社工作。他曾回忆说，4月10日登机前的晚上，他和黄作梅通宵未眠。在谈到可能出现的危险时，黄作梅对其他人说："明知山有虎，偏向虎山行。共产党人就是要视死如归！"

卡尼克当时是印度航空公司的维修工程师，在《克什米尔公主号》一书中回忆起飞机坠海时的震撼情景："当时机上有八位中国人、一位越南人、一位波兰人、一位奥地利人。我从来没有想到，普通人能以那么坚强的意志和大无畏的精神面对死亡，就是敢死队员在战场上执行必死的任务，也难免有人会微露惧色；但是这些人却具有钢铁的意志，没有一个人乱动一下，没有一张面孔露出过丝毫的恐惧。他们全都正襟危坐，似乎没有注意到右边的熊熊烈火和客舱里呛人肺腑的浓烟。我从来没有见过对死神如此蔑视的人，也从未见过人类的勇气可以达到如此崇高的程度……"

三、延伸学习

1. 时刻不忘党和人民的嘱托

1947年，黄作梅受新华社派遣前往伦敦，创办新华社伦敦分社并担任社长。驻布拉格的新华社记者吴文焘在1985年曾这样描述黄作梅："那时，他在伦敦租了间小房子，和另外两位同志在一起，以私人企业名义印发新华社每天的英文广播稿。我觉得他踏实朴素，见解深沉，工作能力强，有忠厚长者风。""他还根据自己的经验，强调在纸醉金迷的资本主义社会里工作，就要格外注意'慎独'，时刻不忘党和人民的嘱托。"

新华总社在一份文件中对伦敦分社的工作作了充分肯定，指出：伦敦分社成立以来，影响大，威信高，新民主主义国家及英、法、印各国报纸多采用分社消息。捷克某电台每日根据分社稿子做口头广播。在重大事件发生时，各国记者以至政府人员均到该社探问消息，甚至还有个别英国议员与工厂经理亦至该社探询，希望与我解放区进行贸易。

2. 情报震惊盟军 加快结束战争

1944年秋，一份在中国华南登陆的计划在美军第4舰队指挥部酝酿成形。有关日军海空布防的秘密军事情报，也由袁庚的联络处源源不断地传递给美国太平洋舰队总司令尼米兹。但到了1945年3月，一个消息使尼米兹很是担忧，曾在衡阳战役中重创国民党守军、代号"波雷"的日军129师团突然神秘失踪了。

为找到失踪的"波雷"部队，美军每天用3部电台，形成交叉信号追踪部队动向，但依旧毫无收获。同时，美国海军甘兹上尉率领一个6人小组来到东纵，计划在大亚湾和汕头间勘测适合美军登陆的滩头阵地。联络处派遣了原中山大学学生黄康率领的情报小组，到深圳至汕头的海岸进行勘测工作，他们发现了日军在汕头沿海和东山岛构筑的洞穴工事，并将其绘制成图交给袁庚。在袁庚和美军的分析下，发现这里的工事和日军在塞班岛构筑的洞穴工事一样。"波雷"部队擅长洞穴式作战，而美军恰恰在塞班岛战役、硫磺岛战役中吃尽了这种战术的苦头。汕头一带地形和塞班岛有极大相似性，如果"波雷"部队事先在登陆点修好了洞穴式工事，那么必将给计划在此抢滩登陆的盟军带来巨大威胁。

与此同时，广州和东莞等处的东纵情报人员得知了驻守在汕头沿海的日军正是"波雷"部队。原来，日军情报机构得知美军的登陆计划后，马上命令"波雷"部队关掉所有电台，静默快速开进，从衡阳一路南下秘密到达广东沿海。根据这份东纵提供的情报，尼米兹将军决定取消在华南的登陆计划。后来，为加快战争结束进程，美国决定直接向日本本土投放原子弹。

四、参考资料

[1] 百度百科. 黄作梅，https://baike.baidu.com/item/%E9%BB%84%E4%BD%9C%E6%A2%85/1846887?fr=aladdin.

[2] 本书编辑委员会. 东江纵队志（第1版）[M]. 北京：解放军出版社，2003.

[3] 王旭. 黄作梅：为新中国外交和新闻事业死而无憾. 新华网，http://www. xinhuanet.com/gangao/2021-06-02/c_1127519939.htm，2021-06-02.

[4] 东江纵队：插在日占区的一把"尖刀". 深圳特区报，http://sztqb. sznews.com/PC/layout/202108/02/node_A04.html#content_1071878，2021-08-02.

02

事件篇

　　2016年1月5日，习近平在视察13集团军时指出：刚才，在参观军史馆时，我对长征途中红31军93师274团"半截皮带"的故事，感触很深。红军战士宁肯忍饥挨饿，也要将半截皮带留下来，带着它"去延安见毛主席"。这就是信仰的力量，就是"铁心跟党走"的生动写照。

　　英雄事迹不仅是共同的历史记忆，更是激励我们攻坚克难、奋斗前行的强大力量。"事件篇"从东江纵队的重要会议、重大行动、重大事件、重要战斗及重要工作中，选取其中15个作为案例教学。在教学中，不仅要通过思维导图、展示板等形式讲清楚事件的来龙去脉，还要通过图书资料、影视作品等途径拓展事件的发展图景；不仅要把历史事件与英雄人物结合起来，还要把历史事件与精神内涵结合起来，让学生学史明理、学史增信、学史崇德、学史力行。

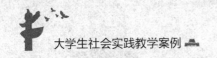

事件篇之01：上下坪会议

一、事件概述

　　为了贯彻执行中共中央"五八指示"，确定东江抗日游击队今后开展敌后游击战争的基本方针和任务，中共前东特委于1940年9月中旬在宝安县布吉乡上下坪村召开了部队的干部会议（称"上下坪会议"），参加会议的有林平、梁鸿钧、曾生、王作尧、周伯明、邬强、卢伟良、蔡国梁、阮海天、黄高阳等。

　　会议由中共广东省委常委、前东特委书记林平主持。与会同志认真学习和讨论了中共中央"五八指示"精神，一致认为中央的指示非常正确、及时，在危急关头挽救了部队，给部队指明了斗争方向。会议总结了5个月来东移海陆丰的经验教训，对东江地区的抗日武装斗争发展形势进行了分析，认为日军占领广州、武汉后，其战略意图是巩固占领区和打击中共领导的抗日军队为主，但其重点在华北，这对我们发展华南抗日游击战争是有利的。我们必须抓住有利时机，开展敌后游击战争。会议决定对部队进行整编，在东莞、宝安、惠阳敌后坚持开展独立自主的游击战争，建立敌后游击根据地，领导中心设在东莞。

二、教学要点

1. 上下坪会议总结东移海陆丰的经验教训

　　上下坪会议总结了5个月来东移海陆丰的经验教训，认为造成东移海陆丰的错误，首先是对抗战形势和国共两党关系作了错误的估计，忽视了中日民族矛盾在整个抗日战争时期始终是主要矛盾这一事实，把国民党的反共逆流，看成是国共公开分裂与全面内战再起；对中央和毛泽东同志关于坚持敌后游击战争、建立敌后抗日根据地的方针认识不足，又缺乏斗争经验，因而在国民党顽军的进攻面前陷于被动，遭受重大的损失。

2. 上下坪会议的决定

会议确定：第一，坚持在惠、东、宝敌后继续开展独立自主的游击战争，放手发动群众，组织群众，迅速扩大人民武装，建立抗日根据地，成立抗日民主政权的基本方针。

第二，坚持抗日民族统一战线，对国民党顽固派实行又联合又斗争，以斗争求团结的政策；坚持"发展进步势力，争取中间势力，孤立顽固势力"的策略总方针；对顽固派的军事进攻，坚持"人不犯我，我不犯人；人若犯我，我必犯人"的自卫原则，不怕打磨擦仗，敢于击破国民党顽固派的军事进攻。

第三，根据独立自主的原则和形势发生的变化，决定把曾、王两部原来的"第四战区第三游击纵队新编大队"和"第四战区第四游击纵队直辖第二大队"的番号，改为广东人民抗日游击队。在组织上完全摆脱与国民党当局的关系，不受国民党当局的任何限制和约束，独立自主地解决经济供给，扩大部队，开展敌后游击战争，建立抗日根据地，使广东抗日游击队更加旗帜鲜明地以人民军队的面目出现在人民群众面前。

第四，部队整编为两个大队，即广东人民抗日游击队第三大队和第五大队，东江特委书记林平兼任两个大队的政治委员，梁鸿钧负责军事指挥。第三大队队长曾生，副大队长邬强，政训员卢伟良，下辖两个中队、1个短枪队。第五大队大队长王作尧，副大队长周伯明，政训员蔡国梁。第三大队挺进东莞大岭山地区，第五大队则在宝安阳台山地区和广九铁路两侧活动。领导中心设在东莞。

3. 上下坪会议的意义

上下坪会议是在曾、王两部东移受挫重返敌后的重要时刻召开的，是东江纵队发展史上极其重要的转折点。它使广东人民抗日游击队的领导干部提高了贯彻执行中共中央和毛泽东关于抗日民族统一战线的政策、策略和坚持在敌后开展独立自主的抗日游击战争、建立抗日根据地的方针的自觉性，统一了干部的思想，增强了团结，提高了斗争胜利的信心，振奋了精神，为广东人民抗日游击队以后的胜利发展和建立惠、东、宝抗日根据地，打下了坚实的基础。

三、延伸学习

1. 东江纵队"东移海陆丰"

1940年春，国民党顽固派掀起的第一次反共高潮波及东江地区。广东国民党当局在肆意迫害东江华侨回乡服务团等进步救亡团体的同时，频频制造磨擦事件，进攻中国共产党领导的东江人民抗日游击队，企图将其一举消灭。

1940年3月初，集聚在曾、王两部驻地坪山和乌石岩北面与东面的国民党第186师凌育旺团、保安第8团两个营，及汕头、东江两地的顽固派武装共3000余人，开始向曾、王两部发动军事进攻。为保存抗日武装力量，曾、王两部根据中共东江军委的决定，分别向海丰、陆丰方向突围转移。国民党顽军发现曾、王两部向东突围后，立即调动兵力，前堵后追。曾、王两部被迫接战，进行自卫抵抗；但由于敌众我寡，实力悬殊，部队被动挨打，连连受挫。

曾生领导的新编大队3月12日至惠阳吉隆以北五公里处，同追到的顽军罗坤支队激战，伤亡和失散各有几十人。打退顽军后翻山越岭经大安峒、埔仔峒、吊贡，于18日到达高潭。21日，顽军186师凌育旺团和罗坤支队分西、南两路形成对高潭的包围。22日，新编大队向北开至水口地区，遭凌育旺团袭击，损失惨重。27日，新编大队转移至有着坚实群众基础的黄羌石山村掩蔽。

王作尧领导的第二大队从乌石岩突围后，3月11日到了惠阳黄巢嶂，联络不上新编大队，过淡水河口后停留一个多星期。24日，在行军途中遭顽军截击，突围后于25日拂晓到达惠阳与海丰交界的水底山。3月底，经埔仔峒到莲花山，与凌育旺团一个营发生遭遇战，打了两仗，派人与东江军委和新编大队取得联系，根据军委指示，在埔仔峒和大安峒一带活动待命。4月18日，在大安峒斜嶂山黄沙坑被凌育旺团以谈判名义欺骗，第一中队干部战士40多人被俘，全大队余下70多人在赤石、后门一带掩蔽。至此，两个大队由初突围时约700人，减员至200多人。

2. 中共中央"五八指示"

曾、王两部东移海陆丰，在顽军的围追下，军事上完全陷于被动，弹药缺乏，给养不继，处境十分困难。在这危急关头，1940年6月初，廖承志从香港转来中共中央书记处5月8日的电报。电报指出：在目前国民党当局尚保持抗日面目，同时进行反共，准备对日投降，但地方突变随时可能发生的局势下，我人民抗日武装必须大胆坚持在敌后抗日游击战，同时不怕磨擦，才能生存发展。电示要求："曾、王两部仍应回到东宝惠地区，在日本与国民党之间，在政治上与优良条件下，大胆坚持抗战与不怕打磨擦仗。曾、王两部决不可在我后方停留。不向敌进攻，而向我后方行动的政策，在政治上是绝对错误的，军事上也必失败，国民党会把我们当土匪剿灭，很少发展可能。"电报还指出如部队去潮梅的不利因素，以及回防东、宝、惠地区应注意之事项，要求部队做好政治动员，整顿内部，加强团结，在有准备、有胜利把握的条件下，对阻击的顽固势力敢于坚决消灭之，并注意与地方党组织取得密切联系，取得他们的帮助，积极开展统战工作等。

党中央的"五八指示"，犹如在茫茫黑夜中点燃一盏明灯，及时地指点了迷津，挽救了曾、王两部，为今后东江地区的抗日反顽斗争指明了方向。遵照党中央的指示，曾、王两部领导人立即召开会议，研究部队返回东、宝、惠抗日前线的部署。7月下旬，部队从大安峒出发，在地方党组织的严密布置和积极配合下，部队避开顽军和地方反动武装，经热水洞、狗眼地，穿过稔平公路，再经黄塘到达淡水东面的万年坑，稍做休整后，8月中旬经山子下村，回到坪山东南面的小三洲。9月上旬，越过广九铁路，回到宝安县布吉乡的雪竹径、杨尾、上下坪一带隐蔽休整。

四、参考资料

[1] 上下坪会议丨惠州党史主播说.惠州电台，2021-04-15.

[2] 本书编辑委员会.东江纵队志（第1版）[M].北京：解放军出版社，2003.

[3] 东江纵队"东移海陆丰".汕尾传媒网，http://www.sw-cmw.com/1731169267/view?id=34537，2021-06-28.

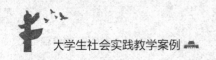

事件篇之02:
营救文化界知名人士及爱国民主人士

一、事件概述

1941年12月8日,日军突然袭击美国在太平洋的海军基地珍珠港,太平洋战争随即爆发。同一天,日军第38师团在海空军的配合下,越过深圳河,向香港新界发起进攻。12月25日,港英总督杨慕琦向日军投降,香港沦陷。

抗战全面爆发以后,大批文化界知名人士和爱国民主人士在内地创办刊物、发表宣言,抨击国民党"消极抗战、积极反共"的政策,受到国民党顽固派迫害。1941年春,在党的领导人周恩来等人的关怀和安排下,他们先后从桂林、昆明、武汉、重庆、上海等地,辗转来到香港,继续从事抗日文化活动,为抗日救亡奔走呼号,支援内地的抗日战争。

日军攻占香港后,马上封锁了香港至九龙的交通。日本军队和特务像鹰犬一样,四处搜捕抗日人士,并贴出布告勒令在港的文化界知名人士和爱国民主人士前往"大日本报道部"或"地方行政部"报到,否则"格杀勿论"。

为了把这批重要人物营救出来,使他们免遭日军毒手,中共中央南方局书记周恩来急电廖承志:"设法营救困留香港的文化界和爱国民主人士撤到东江游击区。"接到任务后,八路军驻香港办事处主任廖承志、中共南方工委副书记张文彬、东江抗日游击队政委尹林平等人立即召集会议,紧急动员起来,决定以最快速度,抢在日军实施逮捕之前做好抢救工作。

在日军严密封锁的情况下,营救工作复杂艰巨。党组织对营救工作做了周密部署:一是确定营救对象,并尽快与他们取得联系;二是确定分陆路(东线)、水路(西线)撤退;三是撤退路线分段、分区,从港岛地区到九龙、宝安、惠州、老隆、韶关,沿途均设立秘密接待站。沿途党组织和游击队还做了详细分工，拟定专人负责，确保万无一失。

1942年1月2日晨，廖承志和连贯、乔冠华等人装扮成香客，乘小木船从香港偷渡到九龙交通站，由武工队护送走东线，通过启德机场附近的牛池湾出了封锁线，走打蚝墩、沙角尾、大环村，到企岭下海湾，登上护航队武装船，避开日军海上巡逻队，偷渡大鹏湾，凌晨3点在沙鱼涌上岸，经田心接待站转往石桥坑，曾生在那里迎接他们。

1942年1月9日午夜，三艘小艇载着邹韬奋、茅盾等20多人撤离香港。男人换上广东人穿的短裤短衫，女人换上旧旗袍，扮成难民的样子，由交通员带领偷渡到九龙的秘密接待站。在武工队护送下走西线，经青山道口、九华径、荃湾，进入大帽山区，再经落马洲，渡过深圳河，在赤尾上岸后，翻过梅林坳到达游击队根据地的宝安白石龙村，受到林平、曾生、王作尧和根据地军民的热烈欢迎。接着，游击队又辗转经老隆、韶关，将他们护送到大后方各地。

老同盟会会员、国民党左派何香凝女士和柳亚子先生，以及廖承志夫人经普椿等，由地方党护送，乘船从鲤鱼门到大鹏湾不幸遇险，在海上漂流了8天，经曾生游击队护航队救援护送至汕尾安全登陆。夏衍、千家驹、蔡楚生等数十人在地方党的安排下从香港乘船到澳门，然后经中山、江门，安全转移到广西桂林等地。

历时6个多月，广东人民抗日游击队和中共广东各地党组织克服重重困难，胜利地从香港日军魔爪下营救出各界进步人士及家属800多人。他们中有著名的学者、教授、作家、戏剧家、美术家、音乐家等300余人，何香凝、柳亚子、茅盾、邹韬奋、胡绳、夏衍、戈宝权、沈志远、刘清扬、张友渔、黎澍、胡仲持、胡风、廖沫沙、范长江、千家驹、萨空了、袁水拍、蔡楚生、叶浅予、胡蝶、司徒慧敏、韩幽桐、邓文田、陈当棠、李伯球等名列其中。

二、教学要点

1. 秘密大营救困难重重

一是在茫茫人海中找到被营救对象并非易事。香港沦陷后，为了躲避日军搜捕，不少文化人士和民主人士一再改变住处。曾亲历过大营救的著名报人杨奇便在回忆录中提及："许多人自从战事发生以来搬过多次家，有的甚至因突然转移而失去了联系。"邹韬奋就先后搬了6次家，花了四天时间才在铜锣湾灯笼街的一间小木屋里找到他。

二是营救行动面临日军、顽军、土匪的层层阻挠。香港地下交通员巢湘玲曾回忆，蔡楚生装成盲人，才闯过日伪哨卡。杨奇曾回忆，一行人曾险遭土匪打劫，幸而前方探路的武工队及时发现，缴了5名土匪的枪。

三是物资极度匮乏。据杨奇口述，当时游击队的条件十分艰苦，战士们每天伙食供应标准仅有生油五钱、菜金一角，但是他们给文化人的待遇却翻了一番，变成生油一两、菜金二角。中国文化名人大营救纪念馆执行馆长尚悦说："当时条件十分艰苦，没热水洗澡，他们只好用山涧的溪水洗脸擦身，身上都长虱子了。"

2. 秘密大营救在我党我军历史上是一件了不起的大事

此次秘密大营救历时200余天，行程数万里，遍及十余省市，其间没有发生过任何政治事故和人员伤亡，创造了抗战史上的千古传奇，在中国现代史上写下了光辉的一页。这一行动的成功，为革命的胜利和中国文化的存续做出了不可磨灭的贡献，不仅得到了中共中央的致电表扬，更赢得了国内外各界人士的高度评价。文学大师茅盾在后来的回忆中，称赞这次重大救援行动是难以想象的仔细周密，"是抗战以来（简直可以说是有史以来）最伟大的'抢救'工作"。

3. 秘密大营救促进了反法西斯国际统一战线的合作

日军占领香港后，把英军战俘、印籍军警、港英政府文员和其他国际友人囚禁于集中营，有的则强迫在启德机场服劳役。东江纵队在营救文化人士的同时，还帮助从日军集中营里逃跑出来的英国官员、英军官兵及外国侨民逃离香港，然后护送他们到大后方。据不完全统计，先后被营救的英国、丹麦、印度、挪威等国友人，达100余人。获救脱险的英军赖特上校在他所撰写的《1942—1945年香港抗战期间英军服务团》一书中的第二章《逃向自由中国》中，回忆当时的情况时说："如果没有东江游击队的帮助，能否完全脱险是一个极大的疑问。"通过营救国际友人，也让世界看到了中国共产党坚决抗日的信念和能力，在国际上树立了党的形象和威望，促进了反法西斯国际统一战线的合作。

4. 中国共产党历来高度重视知识分子

广大知识分子是人民的骄傲、社会的精英，也是国家的栋梁和宝贵的财富。在抗日战争最艰难的时期，以毛泽东同志为代表的共产党人高瞻远瞩，不计牺牲、不惜代价营救文化人士，彻底粉碎了日本侵略者"以华制华"，共建"大东亚共荣圈"的美梦。党中央以博大胸襟、战略眼光和果敢气魄，营救和团结知识分子，汇聚全民族力量，最终赢得了胜利。

三、延伸学习

1. 阳台山营救文化名人隐蔽所蕉窝村旧址

旧址距石岩街道龙眼山村约 5 公里，位于现阳台山石岩主峰登山道第三站横入水田方向约 4 公里处的阳台山芭蕉窝里。蕉窝村（也有记载为蕉窝山、蕉坑）曾是阳台山抗日根据地驻地之一，这里发生过多次抗击国民党顽军和日伪军的战役。这里现存有人类居屋的残墙断壁，有残留的条石柱、屋基石、土砖、青瓦片等，青草长藤覆盖下的住屋结构轮廓分明。

据原蕉窝村村民谢福新介绍，原蕉窝村处于一处山坡之地，呈梯田式坡幅，村背靠山，左边腹地是芭蕉林，一条清澈的小溪顺山而下。原住村民为谢氏族人，有土砖屋三排，分布在村前两排、靠近后山一排，住房若干间，村前有良田数亩。左边腹地原是村民果园和菜园，种植有沙梨树、柿子树、柚子树等。小溪形成两个小水潭，上潭供村民饮用，下潭供村民洗菜、洗衣等生活之用。

1942年初，广东人民抗日游击队奉命营救滞留在日军占领下的港九地区的国内著名新闻、文学、艺术界人士和民主人士、国际友人，其中有 300 多人是通过阳台山抗日根据地进行隐蔽和安全转移的。邹韬奋及其夫人和儿女、胡绳夫妇、戈宝权、沈志远夫妇、葛一虹、丁聪、于伶夫妇、叶籁士、高汾、殷国秀、盛加伦等众多文化名人，曾在蕉窝村隐蔽过较长时间，他们居住的寮棚就在村后山处。他们常在后山大树下、石头上聊天，在村前小溪旁洗衣、擦身等。

2.《秘密大营救》

1995年重庆大学出版社出版，作者是王泓、刘英。图书目录分为十七部分，分别是：太平洋暴风雨、急令抢救精英、拉开大营救的帷幕、打通营救通道、兵贵神速、沿途布置、乱世香港找人难、第一批脱险者、脱险西线、何香凝柳亚子万里飘零脱险记、百石龙盛会、奔赴大后方、邹韬奋的流亡生活、高士其乔装哑巴过三关、营救余汉谋夫人、营救盟国逃亡者、结束语。

四、参考资料

[1] 李向锋. 抗日战争中的秘密大营救. 党的生活（黑龙江），2016.

[2] 中共广东省委党史研究室. 中共广东历史简明读本. 广州：广东人民出版社，2011.

[3] 陈伊纯，张冠军，祁雷等. 秘密大营救："抗战以来最伟大的'抢救'工作". 腾讯网，https://xw.qq.com/cmsid/20200903A03TVS00，2020-09-03.

[4] 云观展｜宝安革命历史文化系列展览. 宝安区文化广电旅游体育局，http://www.baoan.gov.cn/bawtlyj/gkmlpt/content/8/8639/mpost_8639502.html#5285，2021-03-19.

事件篇之03：开展国际反法西斯统一战线工作

一、事件概述

1941年12月8日，太平洋战争爆发，使世界战局发生了重大变化。同日，英美对日宣战。9日，中共中央发表《中国共产党为太平洋战争的宣言》（简称《宣言》），提出日本法西斯发动的是非正义的掠夺战争，对于美英及被侵略的国家来说，是保卫独立自由与民主的正义的解放战争。《宣言》声明拥护国际反法西斯阵线，促进中、苏、英、美及其他一切反对法西斯的国家民族一致联合，反对德、意、日法西斯同盟。同日，中共中央还指出"中国人民与中国共产党对英美的统一战线特别有重大的意义"，我们"应该在各种场合与英美人士作诚恳坦白的通力合作，以增加英美抗战力量，并改进中国抗战状况"，并提出了"建立与开展太平洋各民族及反日反法西斯的广泛统一战线"的方针。

12月8日，中共中央还指示周恩来、廖承志，要与英美等国建立广泛的真诚的反法西斯统一战线。12月13日，周恩来在《新华日报》发表文章，全面论述了太平洋战争与世界战局之密不可分的关系，指出：希望全世界一切反法西斯力量联合起来共同消灭法西斯。遵照党中央关于国际反法西斯统一战线的批示，东江纵队加强与盟军的合作，做了大量工作，为国际反法西斯统一战线作出了积极的贡献。

二、教学要点

1.营救国际友人

1941年12月，日军侵占香港，驻港英军投降。日本把英军俘虏囚禁在香港集中营。东江纵队在香港沦陷后，即派出游击队进入九龙地区开展游击活动，积极营救英军俘虏人员。据不完全统计，从香港沦陷到日本投降，东江纵队先后营救出英军被俘人员及国际友人共89名。他们在东江纵队的帮助下，从日本集中营逃出，进入东江解放区，然后被安全护送到中国的大后方。1946年7月，英国外交部代表英国政府在下院作报告，对于东江纵队在香港帮助英军安全逃出的珍贵援助给予高度赞赏。

2. 营救美国飞行员

1944年2月11日，美国第十四航空队飞行员克尔中尉，在袭击香港日军启德机场时，座机被击中起火，克尔被迫跳伞逃生，日军当即进行追捕。在危急之际，克尔被东江纵队营救脱险，并辗转安全送到十四航空队桂林队部。为此，克尔万分感激，说："你们战斗员在强大武装的日军的非常严密的搜索下拯救了我。"并表示"无论在战争还是在和平的时候，我们永远是你们的同志"。

同年5月26日，第十四航空队的一架轰炸机在轰炸日本运输舰时被击中，五个飞行员跳伞落到大亚湾海面，当即被东江纵队海上队营救。1945年1月16日，又营救了第十四航空队和第三舰队飞行员各一名。他们安全回去后纷纷写信表示感谢，说："只靠文字不能表示出我们对你们为我们所做的一切的感激。我们唯一能报答你们的办法是为你们的工作而说话，这，我们保证将在一切机会都去做。"

3. 开展情报合作

1944年10月，美国第十四航空队派欧乐义到东江纵队，要求与我合作，建立电台，收集日军情报和气象资料等。对此，东江纵队当即向党中央请示报告。毛泽东指示周恩来代表党中央于10月13日电复说："与欧博士谈话可表示欢迎合作。关于建立电台，搜集情报、侦察气象、训练爆破可以答应。"

遵照党中央的指示，东江纵队建立了一个特别情报工作部门和美国派来的情报组合作，这个部门逐渐扩展到两百多名工作人员，情报站遍布东江敌占区，南起香港，北到广州，东自海陆丰，西到珠江东岸；后来粤北、西江沦陷，又扩展到西江、北江去。这些情报工作者都是东江纵队经过挑选的干部，一切经费也是靠自己支持。

东江纵队情报工作部门付出不少牺牲和代价，收集到许多日军的重要情报资料，其中包括日军在启德、西乡、南头机场的情况，日本华南舰队的密码，广九铁路沿线日军工事图解等，都报请党中央同意后向盟军提供。对此，得到第十四航空队陈纳德将军、在华美军司令部以至华盛顿的赞誉，被认为是美军在"东南中国最重要的情报站",所提供的情报被认为"质与量都非常优越","对于美国战略部队在中国的组织的成功有着决定性贡献"。

1945年初,盟军准备在我东南沿海登陆对日作战。3月9日,美国海军又派一个工作组到东江解放区,进行沿海测量工作,准备盟军登陆的资料。3月13日,党中央指示东江纵队:盟军所要登陆情报可以给。袁庚等情报人员在调查中,一是发现并绘制了日军在汕头沿海和东山岛构筑的工事,二是在广州、东莞发现了日军最精锐的波雷部队。由于袁庚等情报人员的重大发现,为盟军提供了重要情报,致使美国放弃了原有登陆作战、与日军正面冲突的计划,直接在日本本土投放两颗原子弹,加快结束了战争。

三、延伸学习

1. 组织反战同盟

毛泽东曾经指出:"我们的胜利不但是依靠我军的作战,而且依靠敌军的瓦解。"东江纵队为了分化瓦解敌人,壮大反法西斯阵线的力量,始终贯彻执行瓦解敌军和宽待俘虏的政策,专门设立了敌工科,加强对日本俘虏的管理和教育。

在东江纵队敌工科宣传教育的基础上,日军战俘志愿要求成立反战组织。1945年6月,先后成立了"日本人民反战同盟华南支部"、"台湾人民解放同盟"和"朝鲜人民独立同盟华南支部"。反战同盟成立后,他们积极进行反战工作,主动编制日文的反战传单,到前沿阵地进行反战宣传,开展政治攻势,号召日军反战,起到了很好的作用。

2.《美亚杂志》专题发文

经过营救国际友人和盟军飞行员的斗争,东江纵队的战略地位和作用,日益为盟国所认识和重视。1944年7月,《美亚杂志》专题发表了《东江纵队与盟国在太平洋的战略》一文。文章突出地论述了东江纵队在太平洋反法西斯战争中的重要战略地位,指出东江纵队"对于盟军将来在华南沿海作战具有极大重要性",盟国应同东江纵队"建立密切的工作关系",给予各方面的援助,这"对于我们将来进攻日本的胜利,已具有头等的重要性了"。

四、参考资料

[1] 本书编辑委员会. 东江纵队志（第1版）[M]. 北京：解放军出版社，2003.

[2] 营救飞虎队员克尔 东纵开展反法西斯统一战线. 南方网，https://news.southcn.com/node_54a44f01a2/aa6b926b94.shtml，2020-09-04.

事件篇之04：港九大队开展城市游击战

一、事件概述

1941年12月8日凌晨，日军偷袭珍珠港，太平洋战争爆发。同日，日军分两路越过深圳河，向九龙新界发起了猛烈进攻。12日，日军占领九龙半岛，25日攻陷香港岛，港督杨慕琦宣布无条件投降，香港陷入日本侵略者之手。

12月8日，日军开始进攻九龙。9日，第五大队即派曾鸿文带得力助手钟清紧跟日军之后插入新界元朗地区，很快组织起1支40多人的队伍。接着，副大队长周伯明率领1支短枪队进入大埔以北、广九铁路西侧，配合曾鸿文开展活动，随后组成1支武工队。

12月11日，第三大队派出3支武工队到达吉澳岛开展活动。由刘培、江水率领的茜坑、马鞍山自卫队进入西贡的赤径、企岭下、深涌一带活动。随后，自卫队由江水带领10多人的小分队留在西贡半岛，其余人员回到葵涌组成海上护航队。同时，曾生从第三大队第一中队抽调20人组成1支小分队，并从惠阳短枪队等单位抽调刘黑仔（刘锦进）等10多人，组成1支短枪队也进入西贡半岛。这3支队伍共50多人组成了1支武工队，黄冠芳任队长，在西贡地区及启德机场附近活动，一直伸展到九龙市区边缘的狮子山、慈云山、牛池湾一带。

至此，广东人民抗日游击队进入九龙新界地区的队伍已近100人。1942年2月，活动在港九地区的几支抗日武工队统一编为港九大队，由蔡国梁任大队长，陈达明任政治委员，鲁锋任副大队长，黄高阳任政训室主任。

港九大队根据港九地区的特点，分别组成了短枪队、长枪队和海上队。长枪队在沙头角地区活动，主要任务是消灭土匪，保卫领导机关；海上队活动于西贡半岛沿海，主要任务是消灭海匪，运送物资、武器和护商、护渔；短枪队分别成立西贡区、沙头角区、坑口区和元朗区4支短枪队。短枪队初期主要是护送从香港脱险回内地的文化界人士和爱国民主人士，其基本任务是发展人民抗日武装力量，打击日伪军。

港九大队成立后，派出大批民运队员广泛开展群众工作。队员深入到九龙新界的650多个村庄，向群众宣传共产党的抗日主张，办文化夜校，组织抗日联防会、妇女会、儿童团等群众组织。群众觉悟提高了，纷纷要求参加港九大队，参加抗日自卫队，参加抗日救亡工作。同时，广泛开展抗日民族统一战线工作，团结、争取一切赞成抗日的力量，在一些村子建立了"白皮红心"政权，村长表面上是敌伪的人，实际上为游击队做事。民运队员艰苦努力的工作，为港九大队在港九地区建立抗日游击基地，开展港九城市和近郊游击战打下了坚实的群众基础。

1943年春夏以后，各个短枪队和民运队紧密配合，进一步发动和组织群众，巩固抗日游击基地，发展新区，广大农民、渔民和城市青年踊跃参加部队。港九大队以各地区短枪队为基础，先后建立了沙头角中队、海上中队、西贡中队、元朗中队、大屿山中队和市区中队。至此，港九大队发展为拥有5个地区中队、1个海上中队、2个长枪中队和1个直属中队约800人的抗日武装队伍。

二、教学要点

1. 开展港九城市和近郊游击战

港九地区地域狭小，又多是日伪军警林立的城区和圩镇，活动回旋余地不大。据此，港九大队充分发挥短枪队高度灵活的优势，采取机动灵活的战术，以打小仗、打巧仗为主。短枪队时聚时散，来去无踪，声东击西，掌握各种时机进行破袭战、奇袭战、伏击战、捕捉战，有力地打击了敌人。

2. 开展海上游击战

日军占领香港后，把香港作为支持太平洋战争的重要交通枢纽，开辟了从广州至香港经汕头到台湾的海上运输线，从日本把武器装备运到华南和东南亚，又从华南把掠夺来的战略物资运回日本，后来遭到盟军飞机的轰炸。日军在这条运输线上，除继续使用大型运输船外，主要使用排水量数百吨的小型运输船、机帆船和风帆大船，靠近海航行。因此，大鹏湾、大亚湾和九龙半岛东部海域，及大屿山、内伶仃洋海域是日军海上运输必经的海道。

东江纵队为控制大亚湾、大鹏湾一带海域，破坏日军的运输线，同时也保护我海上运输和来往客商，决定以海上独立中队为基础扩建为护航大队，在大鹏半岛以东、大亚湾海域及稔平半岛一带活动；将港九大队海上小队扩建为海上中队，并在大鹏湾内及九龙西贡沿海至担杆岛一带活动。两支海上部队相互配合，相互策应，开展海上游击战。

东江纵队司令员曾生、政治委员林平高度评价这支被人们称誉为中国的"土海军"：护航大队和港九大队海上部队驰骋在南海之滨，勇敢地以小船攻打敌人大船，多次取得击沉或俘获敌船、全歼敌人的重要战果，使大亚湾和大鹏湾成为我军的内海，应予高度赞扬。

三、延伸学习

1. 一支不带枪的游击队

1943年12月，港九大队在香港和九龙市区成立市区中队，命其在市区开展城市游击战，牵制市内日军，发挥里应外合的作用。市区中队活跃在敌人的心腹地带，斗争环境复杂，出于隐藏真实身份的目的，绝大部分成员是不携带武器的，因此中队被香港市民称为"不带枪的游击队"。

同时，为了能够保存自己、消灭敌人，中队还形成了一整套的保密措施：中队的每个领导人都有各自的代号，如队长兼指导员方兰的代号为460，陈佩雯的代号为461；中队的每个骨干都要有几个住处，而且每个住处都要有安全或不安全的标记，以便于及时通报，迅速转移；原本相互认识的游击队队员，若无工作需要，就不再来往，见了面也不打招呼；中队的工作要高度保密，即使是对自己的亲人也不能透露；双方约定见面一定要准时，不得过早或迟到；文件材料不需要的，就立即销毁。

2. 大显神威的"纸弹战"

"纸弹战"是港九大队市区中队对敌开展政治攻势的主要方式之一，即：寻找时机在市区内散发传单，揭露敌人的暴行以及垂死挣扎的事实，宣传国内外反法西斯斗争的形势，鼓舞群众斗志，动员群众投入抗日斗争，瓦解、争取伪职人员。

散发传单的方法有很多：一是公开张贴。中队将传单张贴在热闹的市区、显眼的街道，甚至是日敌的布告栏，打击了敌人的嚣张气焰。二是有计划地向群众递送传单，动员香港同胞投入抗日斗争。三是有针对性地把传单投递到一些伪职人员的家中或工作单位，用以瓦解和争取伪职人员。如筲箕湾的伪区长曾某，在与家人一起阅读了收到的宣传品后，吓得只身逃回了老家。

3. 反"扫荡"斗争

港九大队的迅速发展，频频出击，使日军为之震惊。日军为了确保香港这个"中转站""补给站"的安全，继续推行其"强化治安运动"。从1943年春开始，先后对西贡、沙田、沙头角、上水、大埔、元朗等地区进行"清剿""扫荡"。进入1944年，日军各种规模的"扫荡"月月都有，仅5月竟达8次之多；上半年进行了两次出动兵力1000人以上的"大扫荡"。

1944年2月11日，日军出动1000多人，陆海空配合，采取"分区拉网""远道奔袭""拉锯清剿"等战术，对沙田、西贡地区进行所谓"梳篦扫荡"，妄图将港九大队主力一网打尽。港九大队以西贡中队在内线坚持山地麻雀战，巧妙地与敌人周旋；短枪队则挺进九龙市区，神出鬼没地袭击敌人，展开外线作战。2月13日，刘黑仔带3名队员化装成日军军官和士兵，直奔九龙塘，处决了日军九龙宪兵司令部的翻译汉奸陆通译。日军甚为震动，在九龙市区实行宵禁。接着，黄冠芳和刘黑仔带突击组乘夜间潜入启德机场，用定时炸弹炸毁了日军1座油库和1架飞机。同时，港九大队市区中队炸了亚皆老街的4号火车桥，并在市区散发传单，加强政治攻势，扬言游击队要攻打日军南支派遣军司令部。日军惊慌起来，不得不将进山"扫荡"的部队撤回市区加强守备。

1944年4月，日军出动2000多人纠合伪军600多人，并出动舰艇数十艘、飞机4架，对港九大队大屿山抗日基地进行历时21天的"大扫荡"。大屿山中队采取避敌锋芒、分散活动、隐蔽待机的办法，与强敌周旋。在此期间，港九大队组织其他地区的部队主动出击，以牵制日军的行动。短枪队于4月12日袭击了靠近九龙市区的牛池湾日军哨所，歼敌6人，缴长短枪6支；西贡中队于4月17日袭击了官坑庙日军驻地，歼敌20人，缴长短枪20支；沙头角中队于4月26日袭击了元朗日军宪兵哨所，歼敌5人，缴长短枪5支。进入5月，日军"扫荡"部队终于撤出大屿山。

四、参考资料

[1] 本书编辑委员会.东江纵队志（第1版）[M].北京：解放军出版社，2003.

[2] 抗战期间的香港城市游击战.《文史天地》，2021-04-27（第278期）.

事件篇之 05：榴花塔阻击战

一、事件概述

1938年10月12日凌晨，日军的南支派遣军总兵力约7万人，分三路在大亚湾沿澳头稔山至平海强行登陆，淡水、惠州、博罗相继失守。10月19日，日军占领石龙，莞城危在旦夕。当时石龙铁路大桥已经炸断，从石龙到莞城，必须横渡宽阔的东江支流。中共东莞中心县委决定，由东莞社会壮丁训练总队政训员何与成和副总队长颜奇率领常备队第一、二中队和模范队一个小队，共200多人开往石龙附近东江南岸峡口、西湖、京山一线设防，阻止侵华日军渡河向东莞进攻。

10月下旬，日军在炮火掩护下，分乘2艘木船，企图渡河攻占西湖、京山一线。常备队第二中队和模范队扼守京山高地，将敌击退，日军连续进犯9天均未得逞。11月上旬，日军改向峡口、榴花方向进攻。东莞中心县委书记姚永光与何与成、颜奇在榴花塔附近设指挥所共同指挥战斗。当日军乘船渡江进犯时，战士们就以猛烈的火力向日军射击，给敌人以重大杀伤。

日军渡江强攻无望，遂在东江北岸石碣、刘屋一带村庄烧杀奸淫掳掠。坚守在南岸榴花塔下的战士们满腔义愤，纷纷请求过江痛打日寇。11月13日凌晨，颜奇、何与成亲自带领常备队第二中队、第三小队和模范队王尚谦一个班共40多人组成的渡江战斗队，在榴花塔下的渡口分乘两艘大泥船到达北岸刘屋村。颜奇布置战士们埋伏在刘屋村前的一片竹林里，准备随时伏击路过的敌人。何与成等人带领几名模范队员入村，向村民宣传并说明来意。

日军平时都是从刘屋村背后方向来的，偏偏那天反过来，一队30余人日军骑兵巡逻队从东面石碣方向窜出来。当时埋伏有三个班，一个班面西，两个班面向东边，等到面向东面的两个班反应过来调转枪头时，日军的机枪已经开始扫射，不少战士倒在了血泊中。何与成等人听到枪声后从村里跑出来，刘屋自卫队也参加战斗追击敌人，有数名鬼子被打落马下。模范队队员樊炳坤膝部负伤后，勇猛地扑过去，抱住日军的战马和日军士兵大腿，欲把日军士兵拖下马，被日军士兵用军刀劈中头部壮烈牺牲。日军骑兵摸不清底细，不敢恋战，带上几具尸体向石龙方向逃遁。战斗中，王尚谦、樊炳坤等11名常备队和模范队队员英勇牺牲，刘屋村自卫队亦牺牲11人。

二、教学要点

1. 首次对入侵东江的日军进行有组织的抵抗

榴花塔阻击战是日军登陆华南以后，中共广东地方组织领导人民抗日武装首次对入侵东江的日军进行有组织的抵抗，打响了东江人民抗日的枪声。榴花塔阻击战前后坚持了一个月，以牺牲22人的代价，挫败了日军的嚣张气焰，振奋了民心士气，成为东纵抗战史上光辉的一页。

2. 隆重的追悼大会

榴花塔阻击战后，模范队和常备队的11位烈士遗体被送回莞城。第二天，中共东莞中心县委在莞城中山公园举行隆重的追悼大会，会场两边挂着一副挽联，写着："老模初战东江畔，榴花塔下显忠魂。"到会的数千名群众十分悲愤，高呼"坚决为烈士报仇！""打倒日本帝国主义！"等口号。

追悼大会结束后，模范壮丁队队员们抬着载有烈士遗体的棺材在莞城大街上示威游行。街边涌满群众，群情激昂。这次追悼大会和示威游行，进一步激发了东莞人民对日本侵略者的仇恨和反击日本侵略者的斗志，许多青年当即要求参加东莞抗日模范壮丁队。

三、延伸学习

1. 战士们第一次上战场

王作尧撰写的回忆录《东纵一叶》里描述了战士们第一次上战场时的场景：一天清晨薄雾刚散，颜奇站在江边的山坡上用望远镜一望，看到对岸停泊着几条空木船，河岸上挤满了日本兵，战斗一触即发。可是队伍几乎从未上过战场，火力分散根本抵挡不住敌人的进攻，于是颜奇命令队员各就各位，听命令后齐放"排头火"。

队员荷枪实弹伏在阵地上，紧盯着江面上日军的木船。刚开始两个小汽艇上有两个班的兵力渡江，日军刚过江心，距离江岸有100多米的距离，这时突然砰地一声枪响，一位战士比较慌张导致枪走火了。中队长陈昶甚是恼火，颜奇随机应变，下令射击，一连几次"排头火"，打得敌人匍匐在船旁，数次渡江行动均被"排头火"和手榴弹阻击。

2. 榴花抗日纪念亭

1995年7月，在纪念抗日战争胜利50周年之际，中共东莞市委、市政府决定在榴花战场旧址建立"榴花抗日纪念亭"，并于1997年7月出资兴建。1998年10月15日，为纪念东莞抗日模范壮丁队成立60周年，市委、市政府在榴花抗日纪念亭举行落成揭幕仪式。

抗日纪念亭呈四角亭形结构，高10米，共分三层。亭底层的正面挂着刻有"榴花抗日纪念亭"的牌匾。亭里立有一块抗日纪念碑，背面记述榴花之战，正面刻着榴花抗日纪念亭志："为纪念抗日战争胜利五十周年，弘扬民族精神、告慰先烈、激励后人，中共东莞市委、市政府决定建此纪念亭。是为志。"榴花抗日纪念亭前的台阶一直延伸到山脚，两旁青松郁郁葱葱，株株挺拔。

2008年，榴花抗日纪念亭所在的榴花公园被东莞市精神文明建设委员会命名为东莞市爱国主义教育基地。两年后，经中共东莞市委审定同意，确定为东莞市中共党史教育基地。

四、参考资料

[1] 本书编辑委员会. 东江纵队志（第1版）[M]. 北京：解放军出版社，2003.

[2] 榴花塔阻击战：齐放"排头火"压制江上日军. 网易军事，https://www.163.com/war/article/B1FDN3E900014OVF.html，2015-08-20.

[3] 中共东莞市委党史研究室. 在榴花抗日纪念亭缅怀英烈：东江河畔战斗响 东莞抗日烽火燃. 东莞党史，2021年04月21日.

[4] 刘远忠 孙沛川. 80多年前这里打响东莞抗日战争第一仗. 人民资讯，https://baijiahao.baidu.com/s?id=17007262718518847 12&wfr=spider&for=pc，2021-05-25.

事件篇之06：百花洞战斗

一、事件概述

1940年9月，中共东江特委根据中共中央指示精神，将东江地区人民抗日武装整编为广东人民抗日游击队，下辖第3、第5大队。中共东江特委书记尹林平兼任两个大队政委，梁鸿钧负责军事指挥，曾生、邬强分别任第3大队正、副大队长。10月初，第3大队70余人在尹林平、梁鸿钧、曾生、邬强率领下，挺进东莞大岭山区，在地方党组织和广大群众支持配合下，连续取得袭击日伪据点和运输车辆、破坏日军交通线路和通信设备的一系列胜利，创建了大岭山抗日根据地，部队迅速发展壮大到近200人。驻东莞日军坐卧不宁、异常恐慌，多次企图寻找游击队主力。游击队则采取灵活机动的战略战术，保存自己，打击敌人。

1941年6月10日，第3大队部率第3中队驻大王村，第2中队驻大环村，第1中队驻大沙长圳村，民运部驻根据地中心百花洞。日军判定游击队指挥机关和主力在百花洞，决定突袭百花洞。日军的行动计划被第3大队厚街情报站侦悉，该计划被连夜送到正在百花洞主持召开民运会的曾生手上。曾生随即派通讯员到大王村向尹林平、梁鸿钧报告，同时率百花洞抗日自卫队迅速抢占村西南制高点，准备迎敌。尹林平、梁鸿钧接报后，紧急研究后认为，虽然敌强我弱，但我方可以游击队为主力，动员附近村庄自卫队员和民兵参战，利用百花洞的有利地形，围歼敌人。他们立即令邬强率第3中队急速赶往百花洞，令驻大环村的第2中队和驻大沙长圳村的第1中队迅速抢占有利地形，同时紧急部署动员各村抗日自卫队和民兵参战。尹林平、梁鸿钧随后率大队机关赶往百花洞指挥。日军做梦也想不到，本想偷袭捞点便宜，岂料抗日军民早已布下一个巨大的"口袋"，只等他们来钻。

6月10日深夜，驻莞城、太平、桥头的日军400余人及伪军200余人，在日军大队长长濑指挥下，分两路朝百花洞摸去，于11日拂晓抵达村口。骄横的长濑骑着一匹高大战马，耀武扬威地挥动着闪亮的军刀，率领日伪军直扑村庄而去。早已埋伏在村口高地的第3大队1中队战士，见到敌人不可一世的样子，个个满腔怒火。机枪班班长吕苏是一位身材魁梧的神枪手，他将敌大队人马放近，屏住呼吸，瞄准骑在马上的长濑，啪啪啪，一排愤怒的子弹倾射过去，长濑应声人仰马翻，滚到路旁。游击队和自卫队队员同时以密集弹雨射向日伪军。日伪军遭到突然袭击，顿时大乱，一部分仓皇占领村前小高地，一部分卧倒在田沟里顽抗，还有一部分逃向荔枝园。第1中队在机枪火力掩护下，迅速发起冲锋，将敌人全部压进村内，扎紧"袋口"。与此同时，第2、第3中队和瓮窑、大王岭、油古岭、新屋场等10余个附近村庄的抗日自卫队分别占领百花洞村四周的山头与高地，敌人很快被完全装进"口袋"。

敌人被围后，疯狂向游击队阵地开炮，发动数次冲锋，企图夺路逃命，但我方抗日军民坚守阵地，打退敌人一次又一次反扑。战斗进行到下午3时，敌人两次施放烟幕弹企图突围，均未得逞。随后，敌人放出信鸽，向石龙日军求援。岂料信鸽飞经大沙长圳村上空时，欲中途停下休息，被该村抗日自卫队神枪手击落，从信鸽身上搜获敌人求援报告和地图。入夜，敌人龟缩在几个小山岗上固守待援。第3大队组织突击小分队轮流袭击，抗日自卫队和群众亦不断骚扰，敌人整夜处于恐慌之中。

12日上午，战斗处于胶着状态，敌人几次试图向连平方向突围，都被游击队和抗日自卫队打退。此时敌人粮弹不足，派飞机空投，部分粮食、弹药落到游击队阵地。下午，日军从广州、石龙出动步兵、骑兵1000余人前来救援，被围日伪军在援军炮火和烟幕弹掩护下，夺路逃脱。

二、教学要点

1. 日军侵略华南以来最丢脸的一仗

百花洞战斗持续两天一夜，共毙伤日军50余人，大队长长濑被击毙；毙战马数匹，缴长短枪10余支、武器弹药一批。百花洞战斗的胜利，沉重地打击了日本侵略军的嚣张气焰，增强了东江抗日军民的胜利信心。华南日军头目哀叹："这是进军华南以来最丢脸的一仗。"

2. 显示了人民战争的强大威力

百花洞战斗动员了附近十余个村的抗日自卫队和民兵近1000人参战。战斗中，附近村庄群众听说敌人被围，纷纷拿起看家护村的土枪土炮、大刀梭镖，甚至锄头、扁担，爬上百花洞村四周山头，汇入歼敌队伍。还有的群众敲锣打鼓助威鼓劲，有的在铁桶里燃放鞭炮，模拟机枪声吓唬敌人，有的不断高呼："鬼子被围住了！""鬼子跑不掉了！"枪炮声、锣鼓声、爆竹声、呐喊声响彻山谷，震动四野。

三、延伸学习

"百花洞战斗遗址"

百花洞村位于大岭山镇政府驻地以西4公里处，东南西北分别与太公岭、大片美、大环、下高田四村相邻，西部的山地边缘有马山仙境风景区，辖区总面积4.5平方公里。

相传本村明代以前已住有邓、陆两姓村民。明代后，黄氏由湖北江夏县（郡）迁本市主山，十世祖迁此。此后，又有始祖为河南的陆氏兄弟二人，一支从山门迁此定居，另一支在清代道光年间（1821—1850）从乌坭坑（今大沙安头坑）迁入。因住有黄、陆（绿的谐音）两姓村民，犹如百花盛开时的两朵花，村后的马山有个龙岩洞，故名"百花洞"。

1990年村委会将土名为"围顶"的山头推平，投资20多万元兴建了本村第一幢厂房，厂房占地面积9亩，建筑面积2层共1000多平方米，并在同年的10月份出租给台湾商人卢坤明，当年他投资了100多万元在本村设了第一家工厂——东利中药材加工厂。

2020年9月，阿里研究院公布2020年淘宝村名单，百花洞村榜上有名。2021年10月，南京大学空间规划研究中心、阿里研究院联合发布2021年淘宝村名单，百花洞村榜上有名。

四、参考资料

[1] 陈乔桂.百花洞战斗：华南抗战中的漂亮一仗.宣讲家网，http://www.71.cn/2021/0723/1136127.shtml，2021-07-23.

[2] 本书编辑委员会.东江纵队志（第1版）[M].北京：解放军出版社，2003.

[3] 百花洞战斗遗址.博雅旅游网，http://www.bytravel.cn/landscape/103/baihuadongzhandouyizhi.html.

事件篇之07：铜锣径伏击战

一、事件概述

1942年初，"广东人民抗日游击总队"成立。广九铁路中段以西的部队处在日伪顽军夹击之中，活动在背靠珠东、莞太和宝太公路两侧及日伪军沿线据点的间隙，处境十分险恶。各种供应都非常困难，部队伙食仅能维持生命，战斗频繁而残酷，绝大多数指战员都是忍饥挨饿参加战斗，伤亡很大。路东的部队为了摆脱被动的局面，掌握先机，在横岗至坪山之间的铜锣径，精心筹划了一场伏击战。

1942年5月，广东人民抗日游击总队惠阳大队侦悉驻宝安县横岗据点的日军常派小分队到坪山、碧岭一带抢粮，然后会按照原路返回。遂由大队长彭沃指挥3个小队共200余人，于14日凌晨隐蔽进横岗至坪山间的铜锣径设伏。9时许，日军1个骑兵连出动70余人自横岗经铜锣径朝坪山方向前进。游击队队员看到日军，个个摩拳擦掌，纷纷提出立即出击；但是，彭沃大队长和高健副大队长冷静分析了情况，认为这股日军抢粮当天一定返回横岗，那时日军疲惫、麻痹，我游击队有充分准备，战果会更大，便决定先放其通过。

15时许，日军骑兵连在碧岭抢粮后从原路返回，进入铜锣径伏击地域时，惠阳大队的指战员们如神兵天降，突然以密集火力向敌人猛烈扫射。面对突如其来的袭击，日军仓皇应战，企图突围；但铜锣径的东西出口已被惠阳大队第1、第2小队严密封锁，形成瓮中捉鳖之势，敌之突围没有得逞。日军随即利用路边沟坎进行顽抗。战斗进行约半个小时，驻横岗据点的日军1个大队增援，途中遭担任警戒的第3小队阻击。增援日军见势不妙，便以火炮轰击惠阳大队阵地。惠阳大队则迅速撤出战斗，从而避免了无谓的损失。这次伏击战，共击毙日军15人、伤日军20多人，打死战马10多匹、缴获战马3匹。

二、教学要点

1. 铜锣径地形有利于"扎口袋"

从横岗到碧岭必经一条狭长的峡谷，站在峡谷喊叫一声，声音在两边山谷间回荡，声若敲打铜锣，所以叫铜锣径。铜锣径地形险要，它的北面是没有树林的光头山，山势陡峭，难以攀登；南面有小树林，便于隐蔽兵力。两端狭窄、中间宽阔，十分有利于"扎口袋"实施伏击。

2. 华南抗战的"平型关大捷"

铜锣径这一仗，再次使游击队声名大振。东江民众都在传颂："曾生的游击队打败了日本仔！"当时，游击队的生存环境十分恶劣，既要与日军周旋，还要对付国民党反动派的"围剿"。在这样艰苦的情况下，路东部队在横岗至坪山之间的铜锣径，对日军打了这场在政治上很有影响力的伏击战。铜锣径伏击战的胜利，鼓舞了在艰苦岁月中坚持抗战的东江抗日军民，同时也有效地打击了日军的嚣张气焰。有东纵老战士曾回忆称，铜锣径伏击战的胜利，是华南抗战的"平型关大捷"。

三、延伸学习

1. "常胜队长"彭沃

指挥这场仗的是惠阳大队大队长彭沃，他是东江纵队里一名作战英勇、指挥有方的老红军。他在东江纵队组织的抗日战役中曾多次参加指挥战斗，立下过卓著的战功，被人们称为"常胜队长"。

彭沃于1915年3月出生在广东海丰县三区阿前彭村，少年时在家乡私塾学习，1925年在本乡农民学校参加共产主义青年团。在"农民运动大王"彭湃的影响、教育下，1930年1月彭沃参加了中国工农红军。1935年7、8月间，彭沃随部队在大南山与国民党军作战失败后失散，辗转到香港当渔民谋生两年。1937年10月，彭沃在香港长洲岛恢复党的组织关系，他在香港经常与廖承志联系，并认识了曾生。

1938年10月彭沃随曾生回到坪山，参加了曾生担任总队长的惠宝人民抗日游击队。同年12月，惠宝人民抗日游击总队成立，彭沃被任命为特务队(警卫队)队长。1939年5月，惠宝人民抗日游击总队改编为第四战区东江游击指挥所第三游击纵队新编大队(简称新编大队)，彭沃担任第一中队中队长。1942年春，彭沃任广东人民抗日游击总队惠阳大队大队长。

2.战斗遗址已被水库淹没

斗转星移，经过80多年的风雨，现在铜锣径一带地形已经大变样。如今，铜锣径已经被横岗至坪山之间的水库淹没，该水库现为南方电网深圳抽水蓄能电站下水库。因此，现在已经找不到当年具体的战斗遗址了。

四、参考资料

[1]邹轶男.抗战经典战例：铜锣径伏击战.中国军网–解放军报，2005–08–23.

[2] 本书编辑委员会.东江纵队志（第1版）[M].北京：解放军出版社，2003.

[3] 坪山先锋.铜锣径伏击歼日寇.深圳新闻网，http://www.sznews.com/content/mb/2021–08/16/content_24487530.htm，2021–08–16.

[4] 铜锣径伏击战：华南抗战的"平型关大捷".晶报，2015年08月25日.

事件篇之08：黄田战斗

一、事件概述

1942年秋，广东人民抗日游击队总队部深入宝安至太平线的敌后，收复黄田失地，经常切断日军太平至南头的交通动脉，给侵占东莞的敌伪军以巨大的威胁。

12月24日下午，南头日伪军200余人出动，袭击黄田税站。宝安大队第一中队黎中队长率第一小队奋起反击，将敌人击退，黎中队长和班长三人负伤。当天傍晚，中队领导人黄密、卢耀康和王天锡同志继续率领第一小队转到黄田基围隐蔽休息。

12月25日早晨，国民党顽军第一八七师1个团和黄文光大队1000多人进攻黄田游击队驻地，包围了珠江大堤。宝安大队第一中队背后是滔滔江水，退无可退。从早晨到中午2时左右，副中队长卢耀康、指导员黄密、副指导员王天锡等十余人背水一战，以寡敌众做殊死战斗，打退敌人多次进攻，毙伤敌人数十人，自身牺牲17人。牺牲的战士中年龄最大的仅二十七岁，最小的才二十岁。

二、教学要点

1. 进入敌占区开辟黄田根据地

1942年2月，第七战区召开广东"绥靖会议"，会议限期3个月消灭东江的曾生、王作尧部队。从4月开始，国民党广东当局先后出动第六十五军一八七师与挺进第六纵队徐东来支队、梁桂平支队等部共5000多人，向阳台山抗日根据地发动进攻。1942年4月14日，国民党顽军一八七师与挺进第六纵队邓其昌部共3000多人，对阳台山抗日根据地发起进攻，占领龙华和乌石岩。1942年10月，顽军又发动新的进攻，矛头直指广东人民抗日游击总队领导机关，大举进犯阳台山根据地。广东人民抗日游击队总部和主力部队共300余人转移到西乡、黄田、固戍、福永、沙井一带沦陷区或半沦陷区活动，依托丘陵地带伺机打击日伪军，并担负保卫总队的任务，而黄田是当时游击队新开辟的一块根据地。

2. 视死如归的革命英雄主义精神

黄田之战中，游击队员有宝安本地人，也有来自马来西亚和新加坡的归国华侨。队员们明知无险可守、无路可退，仍然沉着应战、背水一战，把最后一颗子弹射向敌人的胸膛、最后一口力气留给自己爬向大海、最后一滴血洒在芦苇荡里，体现了视死如归的革命英雄主义精神。

时任宝安大队政治处主任李征在回忆录中这样讲道："我进入芦苇荡中看见战士们丢下的武器没有一支是完整的，身上没有一粒子弹。从牺牲同志的分布情况看，最远的不超过五十米，最近的离大堤不到二十米。黄密、王天锡和卢耀康离大堤最近，尸体分散。中队三名干部是最后撤离大堤的，这是我军的优良传统，干部冲锋在前，撤退在后。这些英雄们的表现，永远载入我军史册。这些英勇作战，为中华民族解放事业献出宝贵生命的同志，永远值得我们学习和怀念！"

三、延伸学习

1. 兴围烈士纪念碑

位于福永街道兴围社区与西乡街道后瑞社区交界处。黄田战斗结束后，部队在大堤后面的芦苇荡里找到了17位勇士的遗体，并掩埋了烈士遗体。新中国成立后，为纪念在这次战役中光荣捐躯的烈士们，政府在福永兴围社区兴围村修建"宝安县兴围烈士纪念碑"。1987年12月25日，在纪念黄田战斗45周年之际，政府对兴围烈士纪念碑进行了重修。2012年5月23日，兴围烈士纪念碑被定为宝安区文物保护单位，2016年进行了第二次重修。纪念碑碑身镌刻有"革命烈士永垂不朽"，基座镌刻革命烈士芳名和生平事迹等。

2. 奇袭沙井

沙井是宝(安)太(平)线上伪军的重要据点，驻有伪军第三十师——九团约800人，沙井东边约2公里的新桥驻有日军1个中队。其中，伪军驻蚝边祠堂的第一营第一连和团部1个通讯排位置比较突出，易于突袭。于是，广东人民抗日游击总队珠江队彭沃大队长作出"消灭伪军第一连，争取消灭通讯排"的战斗部署，并提出"战术上要用快刀斩乱麻的速战速决打法"消灭伪军。

1943年5月26日夜，珠江队从洪田赶到沙井，接近衙边祠堂，发动袭击。由于计划周密，战术运用得当，指战员机智勇猛，珠江队只用了20多分钟便以很小的代价歼灭伪军1个连和1个通讯排，毙伤伪军连长以下30余人，俘敌30余人，缴获各种枪支60多支。

四、参考资料

[1] 共话家乡党史 | 黄咏：《黄田之战》. 深圳新闻网，http://www.sznews.com/news/content/2021-09-03/content_24541288.htm，2021-09-03.

[2] 激战顽军，粉碎国民党分裂瓦解阴谋. 深圳新闻网，https://www.sznews.com/content/mb/2021-06-09/content_24285044.htm，2021-06-09.

[3] 十米画卷忆英雄 黄田十七勇士红色主题绘画展举办. 深圳新闻网，http://ibaoan.sznews.com/content/2021-06-01/content_24263452.htm，2021-06-01.

[4] 云观展 | 宝安革命历史文化系列展览. 宝安区文化广电旅游体育局，2021-03-19.

事件篇之09：马鞭岛海战

一、事件概述

马鞭岛，又名马鞭洲，地形似马鞭，是一个较大的岛和几个小岛排列成一线，像支马鞭横卧在大亚湾主航道西侧，是大亚湾港渔民出海捕鱼和港内航运交通的要地。该岛距澳头约7海里，距三门列岛约14海里。岛上无人居住，有灌木林，有泉水，岛湾可避风，为渔民取水和避风抛锚之地。

日军为确保其近海运输船的安全，阻止广东人民抗日游击总队刘培的海上独立中队进入大亚湾，以及阻止陆上抗日武装继续向稔平半岛及其以东地区发展，将其在龟灵岛上收编的一批土匪成立的伪海军大队，即"中华民国广东省反共救国军海军第四总队第四大队"，从红海湾调至大亚湾，试图在大亚湾港设置军事据点。1943年6月中旬，伪海军大队长陈强（原是龟灵岛土匪，老百姓称为"龟灵仔"）带领100多人，配备两支轻机枪和几十支步枪，以及5艘"大眼鸡"船窜入大亚湾，锚泊在马鞭岛前400米的海上。他们派出两艘船游弋于周边海面，控制大亚湾渔民出海打鱼，封锁大鹏半岛与澳头间来往渡船的交通运输，抢掠、没收渔民的渔网、渔具，进行敲诈勒索。

"一定要拔掉这支硬钉子"，这是当时大鹏半岛沿岸抗日军民一致的呼声。为了歼灭马鞭岛这股敌人，海上独立中队于6月20日夜驻进离马鞭约7海里的岭坳村。部队住下后，立即召开干部会议，研究敌情，分头动员群众，准备战斗，先后两次派人到附近海面侦察，侦知伪海军大队有3艘船停泊在马鞭岛附近海面，中间是指挥船，两侧是警戒船，成"品"字形配置。独立中队从指战员中挑选了16人组成突击队，又从要求参战的渔民中挑选3家的渔船和6名舵工，并进行明确的战斗分工。叶振明为第一突击组组长，带领4名队员，乘张壬生的船，负责突击歼灭伪军指挥船；林英为第二突击组组长，带领4名队员，乘郑容生的船，负责突击歼灭敌左侧警戒船；另一组配轻机枪

1挺、冲锋枪2支、英式步枪2支,乘董锦珍驾驶董均祥家的船,掩护突击船突袭。

7月6日晚上8时,副中队长叶基带领突击队在岭坳的大网前登船再次出击。11时半左右,进至距伪军指挥船约30米时,伪军哨兵发出口令,舵工一面使劲摇橹靠近敌船,一面回答说:"我们是渔民,来打鱼的。"迅速靠近伪军指挥船左舷,突击队员一齐跃上,打死哨兵,夺取船上机枪,冲向伪军住舱,各投下一个手榴弹,伪军举手投降。左侧船上伪军发觉后,立即以密集火力射过来。叶振明用机枪还击,中弹负重伤,魏辉接替亦受重伤。此时,快速接近伪军指挥船的叶基的船的火力组集中火力,压制伪军左侧船,第一突击组彭灵迅速爬到船橹下,接替魏辉指挥,端起机枪,转移到船头射击。正在这个时候,叶基的船亦已靠上伪军指挥船,与第一突击组汇合,一面搜索残敌,收缴武器,一面集中火力掩护第二突击组突击。第二突击组冒着密集火力,勇猛冲击。两个舵工用尽全身力气摇橹,护送突击队员抢登敌船。第二突击组组长林英在靠近敌船时,袁贤投出手榴弹,炸哑敌人机枪。廖梦、黄远向敌船首尾各投一个手榴弹,并乘势跃上敌船。伪军全部退缩到舱里,举手投降。马鞭海面的伪军右侧警戒船见势不妙,准备逃窜。副中队长叶基立即组织火力猛烈射击,伪军扯起白旗,点灯投降。伪海军第四大队队长陈强躲在船舱下面顽抗,被当场击毙。

经过40多分钟的激烈战斗,全歼伪海军第四大队3艘武装船,俘伪海军40多人,击毙伪大队长陈强以下官兵50多人,缴获轻机枪两挺,步枪、短枪40多支,子弹及其他战利品一批。独立中队政治服务员叶振明、小队长魏辉、手枪组长王健、战士刘光明等4人阵亡,副中队长叶基脚部负轻伤。

二、教学要点

1. 被誉为"广东人民抗日游击队海战的范例"

马鞭岛海战开创了东江抗日游击战争史上以3条"小艚仔"吃掉3条"大眼鸡"、16名勇士歼灭伪海军近百人的海战范例,粉碎了日伪军在大亚湾港设置据点的企图,为保证独立中队船队互相配合作战,建立大亚湾海上游击根据地,开辟稔平半岛及其以东地区的抗日根据地创造了条件。曾生总队长赞誉这次战斗"开创了广东人民抗日游击队海战的范例"。

2. 海上游击队获得了当地群众的支持

东江纵队副司令员兼参谋长王作尧在《东纵战旗》一文中回忆说，敌人因广九线被我军切断，开辟了两条海上运输线，因此，我军也相应在大鹏半岛两侧成立了两支海上游击队。两个中队刚成立时，都只有20多人，最初是挑选一些渔民出身的战士组织起来的。那些朝夕出没在风浪中的渔民，在茫茫大海中，凭着看多少叶风帆，便可辨认出哪是渔船，哪是"捞家"（即土匪）船，哪是汉奸、日军的船。渔民在海上发现情况，马上想方设法向护航队报告。日军炮艇一出现，渔民们就驾驶渔船主动迅速向护航船队靠近，把游击队掩护起来。发现土匪船和走私船，渔民们就吹起海螺角，并用船头的朝向指示目标方位。"有了这样的群众基础，我们就像多了一双'千里眼'。"

3. 小渔船变成海上"战艇"

在20世纪40年代初期，海上只有敌船是机动的，普通渔民多用单桅帆船。这种船比较小，像个半月形，航行时，扯满帆，船就侧向一边，尾巴翘得老高，呈"之"字形行驶，渔民们把它叫作"艍仔"。"艍仔"灵活，目标小，速度快，不管是顺风还是逆风都能使用。这样的小渔船就成了海上游击队的"战艇"。

王作尧在《东纵战旗》一文中回忆：清晨，太阳从海面上露出半个脑袋，战士们便与渔民一道出海。远处，忽然出现了陌生的船只，富有经验的渔民报告说是敌船，于是，海上游击队的"艍仔"便赶在其他渔船的前面，缓缓地向敌船驶去。日伪军看见了渔船，总想捞点便宜，大声叱喝让渔船向他们靠拢。"艍仔"不声不响地鼓满风帆，向敌船驶去。100米，50米，30米，20米，突然，"打！"一声令下，冲锋枪的子弹、手榴弹、鱼炮便像刮风似的扫向敌船，毫无准备的敌人在浓烟中倒下去了，敌船就像喝醉了酒似的摇摇欲坠，成了海上游击队的俘虏。

用这样的装备和战术，海上队击毁过日伪军、海匪的机帆船和大木船十多艘。在香港到菲律宾的那条航道上还截获过日军3艘运输船。

三、延伸学习

1. 东江纵队海上游击队

惠州宝安抗日根据地位于大亚湾海滨，背靠大海，敌人一进攻，游击队就可能会被赶下海，生存条件不容乐观。海员出身的曾生动员游击队员下海，筹组武装船队，开辟海上游击战战场。通过海陆游击战的有机配合，屡挫日伪海军，袭击缴获了大量运输船只。

1941年12月，日军发动太平洋战争，随后占领香港，把香港作为支持其侵略战争的重要交通枢纽，从日本把武器装备运到东南亚和华南，又将掠夺来的物资运回日本。为了破坏日军交通线，曾生指挥游击队向港九进军，组织香港群众进行抗日斗争。港九大队有短枪队、长枪队和海上队，其中，海上队承担着消灭海匪、运送物资和护商、护渔等任务。

1943年8月，刘培率领独立中队从岭坳转移到枫木浪。东江纵队司令员曾生和东江纵队党委决定，将刘培领导的独立中队扩建成为护航大队，刘培任大队长，曾源任政委。陆上编2个中队，1个独立小队，海上编2个中队，主要任务是向东发展，开辟稔平半岛，打通至汕头的海上交通线。

港九大队海上中队和东江纵队护航大队开展海上游击战3年多，击沉敌船7艘，俘获敌船43艘，俘日军36人，击毙日军90多人，俘伪军50多人，击毙伪军近100人，缴获了轻机枪、步枪、山炮等大量武器和物资。

2. 东江纵队港九独立大队

1942年2月，陈达明带着总队林平、曾生等同志的指示到达港九。1942年2月3日，港九独立大队正式成立，大队长蔡国梁、政委陈达明、政训室主任黄高阳，统一领导港九地区武装斗争。这支队伍后来发展到数千人，包括港九地区的工人、农民和热血知识青年，下属6个中队，有长枪队、短枪队、海上武装队、城区地下武装队和情报系统等。

港九大队利用日军占领香港初期兵力不足、无暇顾及乡村的有利时机，派出大批民运队员深入到九龙、新界的650多个村庄，积极发展、组织和武装群众，肃清土匪，组建抗日团体，收集英军遗弃的武器，不断扩大队伍，还在一些村子建立了"白皮红心"政权，为游击战争的开展奠定了坚实的群众基础。针对港九地区地域狭窄、回旋余地小、日伪军警林立、城镇密集的特点，港九大队着重发挥短枪队的高机动优势，多打小仗、巧仗，扰得敌人蒙头转向，袭得敌人笼破网穿，打得敌人惶惶不可终日，推动了城市游击战争的蓬勃发展。

四、参考资料

[1] 马鞭岛海上战斗. 源流〔J〕, 2015（09）.

[2] 马鞭岛海战. 历史追学网（引自《惠州市志》）, 2017−12−08.

[3] 本书编辑委员会. 东江纵队志（第1版）〔M〕. 北京：解放军出版社, 2003.

[4] 陈伊纯, 祁雷. 这场战斗被誉为"广东人民抗日游击队海战的范例". 南方Plus, 2020−09−01.

[5] 吴璇, 何雅诗. 华侨加入游击队 渔民船变海战艇. 南方都市报, https://news.southcn.com/node_17a07e5926/59ce347455.shtml, 2020−09−04.

[6] 贺东. 中国共产党领导下的海上抗日斗争. 炎黄春秋|求实篇, http://www.yhcqw.com/33/12288.html, 2017（7）.

[7] 朱姝璇. 烽火旌旗：香港抗战中的港九大队. 中国军网（解放军报）, http://www.81.cn/jfjbmap/content/2019−06/09/content_235521.htm, 2019−06−09.

事件篇之10：福永爆破攻坚战

一、事件概述

1942年8月24日，广东人民抗日游击总队主力大队（代号珠江队）在宝安路西正式宣布成立，大队长彭沃，政训员卢伟良，政治指导员陈一民，下辖三个小队，主要在宝太、莞太公路沿线活动。当年秋，大队转战广九路西的宝太公路和莞太公路沿线，采取灵活机动的战术，寻找战机，连续打击日、伪、顽军，开展反扫荡、反抢粮的斗争。

乌蛟腾会议后，广东人民抗日游击总队按照会议确定的积极主动出击敌人的方针，从1943年初开始，向日伪军展开全面出击，不断取得胜利。5月2日，珠江队打响了夜袭宝安福永伪军吴东权部的战斗。

福永是宝太公路线上伪军的一个重要据点，驻守着伪军吴东权部一个中队60多人。伪军凭着坚固的炮楼扼守宝太线，对广东人民抗日游击总队在这一带活动造成很大威胁。早在1942年冬，珠江队便积极准备歼灭福永的伪军，但由于这股伪军盘踞在一座坚固的炮楼里，居高临下，火力凶猛，白天难以接近，而一到晚上敌人就关上厚厚的铁门固守。当时珠江队既无大炮，又无炸药，虽经两次攻击均未奏效。

游击队经研究认为，不掌握爆破技术，攻坚战就难以取得突破，于是通过港九大队从香港弄到一批"TNT"炸药，经总队部参谋主任周伯明、大队长彭沃、政委卢伟良等多次摸索试验，终于掌握了爆破方法。为了保证战斗的胜利，珠江队又两次派侦察员化装进入福永进行侦察，把伪军的人数、武器装备、火力配置、哨兵位置甚至作息时间，都摸得一清二楚。

经过精密准备，5月2日夜，珠江队在周伯明、彭沃、卢伟良率领下，直趋福永，小队长邱特带领第三小队担负攻坚任务。当突击队员利用黑夜接近伪军炮楼时，碰到了敌人于当天新设的障碍物，发出声响，被敌人哨兵发现，主力队机枪班立即用猛烈的火力扫射，掩护突击队冲击。突击队员赵逢臣在机枪掩护下，迅速把10斤重的炸药包放在伪军炮楼下的铁门边。随着一声巨响，铁门被炸开了，突击队员立即冲进去，消灭了一楼还活着的敌人。随后机枪班跟进，对二楼的敌人扫射，击毙了顽抗的敌人，迫使二楼伪军大部投降。伪中队长见状，拼命登上楼梯向三楼爬去，企图指挥残敌在上面固守待援。赵逢臣眼疾手快，连开数枪将其击毙，三楼伪军顿时举手投降。

二、教学要点

1. 战斗取得了重大胜利

这次战斗仅用20分钟就全歼伪军1个连，毙敌连长以下30多人，俘伪军30多人，缴获轻机枪6挺、步枪44支和其他物资一大批。战斗中，除突击队员黄辉的耳膜被震伤外，游击队无一伤亡。

2. 战斗胜利的重要意义

此次战斗的胜利，沉重地打击了日伪的气焰，鼓舞了抗日根据地军民的斗志，使广东人民抗日游击总队在宝太线夺取了主动权，为大岭山和阳台山两块根据地连成一片取得了积极的作用。

3. 第一次使用爆破技术的攻坚战

这是广东人民抗日游击总队第一次使用爆破技术的攻坚战。爆破攻坚的成功，为各部队以后普遍开展爆破战、地雷战起到了示范作用，使部队在袭击和攻坚相结合的战术上获得突破，有效地提高了作战能力。

三、延伸学习

1. 东宝行政督导处

1944年7月1日，根据中共中央关于东江抗日游击区建立抗日民主政权的指示精神，路西解放区建立了广东省第一个县一级的抗日民主政权机构——东宝行政督导处，主任谭天度，副主任何鼎华、王仕钊。督导处下设政治、司法、宣教、税务6个科和武装部、政工队、《新大众》报社、警卫连等。下辖10个行政区，其中9个成立了区政权。督导处在组织群众参加抗日斗争，支援部队，发展生产，开展文化教育，减租减息和开展统战工作等方面做了大量的工作，保护了人民的民主权利，保卫了根据地的建设。

2. 东宝行政督导处旧址

位于宝安区燕川街道燕川社区燕川北巷6号（宝安区松岗镇燕川村口），始建于清光绪年间，2001年重修，原为燕川村泽培陈公祠。坐北朝南，砖木结构，面阔五间、进深四间，左右厢房，高6米、宽22米、进深42米，占地面积924平方米。1944年7月，路西解放区抗日民主政权东宝行政督导处在此成立。路西解放区，是抗日战争时期东莞、宝安两县广九铁路以西被广东人民抗日游击队东江纵队所解放的地区。

1999年3月，东宝行政督导处旧址被列为宝安区第一批区级文物保护单位，2000年被改建成为"宝安抗日纪念馆"，2021年入选深圳市"四史"学习教育实践基地。

四、参考资料

[1] 佟雪辉. 1943年珠江队首次爆破攻坚.《人民政协报》第10版春秋周刊，2022-01-13.

[2] 本书编辑委员会. 东江纵队志（第1版）[M]. 北京：解放军出版社，2003.

[3] 深圳·宝安. 深圳新闻网，http://www.sznews.com/zhuanti/content/2021-06/15/content_24299110.htm，2021-06-15.

[4] 路西行政督导处旧址. 广东文化网，2008年09月23日.

事件篇之 11：粉碎"万人大扫荡"

一、事件概述

1943年1月至10月，东江纵队坚持敌后抗战，在广九铁路沿线频频主动出击敌人，拔除了铁路沿线的一批据点，掐断了广九铁路这条日军华南运输"生命线"，破坏日军"全线通车"计划。11月中旬，恼羞成怒的日军企图夺得广九铁路的绝对控制权，巩固香港和广州两个中转站，出兵9000多人，向大岭山抗日根据地实行"大扫荡"。

11月11日，日军第23军第104师团开始向广九铁路沿线发动进攻，第12集团军独立第9旅和徐东来支队闻风逃遁。日军遂占领了广九铁路沿线的常平、樟木头、塘厦、天堂围、平湖等地，并立即向东莞、宝安抗日根据地进行"扫荡"。日军集中第104师团2个联队，驻莞城、石龙、太平的日军以及伪军第30师等共9000余人号称万人，采用所谓"铁壁合围"战术，从多方向向东莞大岭山区根据地发动进攻，妄图一举歼灭广东人民抗日游击总队在东莞地区的主力。

18日拂晓，抗日游击总队主力大队（代号珠江队）在莲花山与进犯的日伪军相遇，展开战斗，杀伤日伪军10余人后转向大岭山。原来活动在大岭山区的抗日游击总队第3大队在连平、百花洞、怀德等地也与日伪军展开战斗，毙伤敌50多人后，也分别转向大岭山。坚守在怀德附近的远丰村后山的第三大队黄布中队一个班9人，控制村后一个高地，连续打退日军多次进攻，从早晨战斗到中午，班长张喜和陈能、陈辉、叶华、吴成等6名战士英勇牺牲。敌人的进攻也被遏制住。19日上午10时许，东莞地区的抗日游击队1000余人被日伪军包围在纵横10余公里的大岭山。日伪军严密封锁所有交通要道，在沿山边缘村庄驻兵扼守，设岗放哨，形成"铁壁合围"的态势。3架日机绕着大岭山上空侦察，不断发出信号弹，撒下"劝降"传单。

在日伪军重重包围下，广东人民抗日游击总队的指挥员沉着应战，副总队长王作尧、总队副政委兼政治部主任杨康华以及第3大队大队长邬强、政委卢伟如、政训室主任黄业，珠江队队长彭沃、政委卢伟良等一起研究敌情，分析日伪军"铁壁合围"、先围后攻的惯用战术，讨论了挫败敌人进攻的方案和措施。最后，王作尧做出作战部署：第一，如果敌人当日发起攻击，我即利用居高临下的有利地形，大量杀伤敌人，以空间换取时间，必须坚持到黄昏，白天不管怎样也不能突围；第二，如果敌人当日不进攻，我侦察兵要侦察准敌人的兵力部署情况，选择好突围路线，利用夜暗进行突围；第三，民兵和群众离开大岭山，转移到山下，实行坚壁清野。

日伪军把整个大岭山团团围困起来后，当日没有继续向山上进攻。游击队各级领导利用这个暂短的有利时机，迅速做好突围的动员教育和组织工作，使每一个指战员懂得这是关系到部队生死存亡的行动，务必遵守突围的各项规定和要求。突围部队力求不与敌人接触，秘密从敌人包围的间隙潜行出去，出去就是胜利。总队决定分3路突围：第1路，由王作尧、杨康华、邬强、彭沃率领珠江队翻越水濂山，转移至扬西、大进埔地区；第2路，由卢伟如、黄业率领第3大队经大雁塘、榕树界之间向莞樟公路开进，进入莞城附近的温塘地区；第3路，由黄布带领第3大队1个中队沿张家山河沟向南，转移至莞太公路桥头、双岗地区。由于动员工作做得好，组织工作严密，特别是敌情侦察、道路选择准确适当，全体指战员终于在当夜零时前突出重围，顺利到达预定目的地。20日拂晓，日伪军在飞机轰炸和大炮轰击下，分路攻上大岭山，结果扑空；但是日军仍不甘心，在大岭山区反复搜索，并在金桔岭、大径、寮步等地安下据点。

广东人民抗日游击总队珠江队、第3大队突围后，20日拂晓前，王作尧、杨康华、邬强等会集在大进步村，紧急商议反"扫荡"的打法，决定在民兵、群众的积极配合下，立即展开反"扫荡"斗争，采取"敌进我进"的战术，从多方向袭击敌人。当即，卢伟如率领第3大队主力以温塘为基地，挺进到莞樟线，出击茶山、常平、樟木头等车站，歼灭伪军30余人，破坏了广九铁路交通和通信联络，粉碎了日军企图打通和确保广九铁路行车通畅的计划。副总队长王作尧和大队长彭沃率珠江队返回宝安，活动在广九铁路两侧，给驻东莞日军以有力的牵制和威胁。第3大队黄布中队和手枪队，以水濂山为基地，立即向东莞城出击。手枪队进城杀汉奸、散发传单、炸毁公路桥梁。中队伏击日伪军的粮食和物品供应线，并在莞太线游击区击溃水乡伪军1个团，俘虏1个排，使莞城、石龙的日军大为震惊。与此同时，队部命令宝安大队袭击西乡日军机场，击毁飞机两架。12月初，第3大队还在大岭山的瓜田岭村打退日军的进犯，并乘胜追击，把日军挤出大迳据点。至此，入侵大岭山区的日伪军全部撤走，粉碎"万人大扫荡"以胜利告终。

二、教学要点

1.灵活机动的战术战法

这是广东人民抗日游击总队一次重要的对敌斗争。由于我军坚持了"打得赢就打，打不赢就走"的游击战术，不与敌人拼消耗；采取了敌进我进，跳到敌人后方，主动寻找战机，在运动中打击和消灭敌人的机动灵活战法，结果取得粉碎日军"万人大扫荡"的胜利。

2.严密的组织和严明的纪律

日伪军把整个大岭山团团围困起来后，当日没有继续向山上进攻。游击队各级领导利用这个暂短的有利时机，迅速做好突围的动员教育和组织工作，使每一个指战员懂得这是关系到部队生死存亡的行动，务必遵守突围的各项规定和要求。由于动员工作做得好，组织工作严密，特别是敌情侦察、道路选择准确适当，全体指战员终于在当夜零时前突出重围，顺利到达预定目的地。

3.顽强的战斗和不怕牺牲的精神

例如，坚守在怀德附近的远丰村后山的第3大队黄布中队一个班9人，控制村后一个高地，连续打退日军多次进攻，从早晨战斗到中午，班长张喜和陈能、陈辉、叶华、吴成等6名战士英勇牺牲。敌人的进攻被遏制住，为部队的撤退赢得了宝贵的时间。

三、延伸学习

1.琼崖纵队反"扫荡"战争

太平洋战争爆发后，日军为了把海南岛变成支撑起太平洋战场的中转站和供给基地，从1942年5月至1944年春，集中其侵琼的几乎全部兵力，对琼崖纵队和琼崖抗日根据地进行了长达两年的"蚕食"和"扫荡"。日军在抗日根据地实施惨绝人寰的"抢光、杀光、烧光"的"三光政策"，将多个村庄列为无人区，组成多股讨伐队，分路深入根据地腹地寻找琼崖纵队主力，企图围歼。

琼崖纵队战略上采取内线军民坚壁清野，外线部队打击敌人的方针，战术上广泛开展伏击战、夜袭麻雀战，不断打击敌人、消耗日军。近两年间，琼崖纵队和抗日军民开展了艰苦卓绝的反"蚕食"、反"扫荡"战争，经受了严峻的考验，仅牺牲的指战员就达数百人。同时在进行的400多次作战中，毙伤日伪军1000多人，自身力量从1500多人发展到4000多人，为琼崖地区抗日战争的最后胜利创造了条件。

2. 游击战的原则和战法

以毛泽东为代表的中国共产党人，在领导中国革命战争的伟大实践中，创造性地继承和发展以往游击战的经验，并形成了一整套具有中国特色的游击战理论和原则，主要有敌进我退，敌驻我扰，敌疲我打，敌退我追；消耗消灭敌人，保存发展自己；分兵发动群众，集中应付敌人；以袭击为主要战法，出其不意地打击敌人；保持高度的主动性和灵活性，力求有计划有准备地开展游击活动；扬长避短，"游"与"击"巧为配合；等等。

游击战依据袭击对象、目的和方式的不同，形成了丰富多彩的战法。这些战法可以单独使用，也可以结合使用，例如：

①袭击战。是乘敌不备，对其实施突然攻击的战法。通常选择战斗力不强，防备不严，便于袭击的驻止之敌和运动之敌，以迅速而突然的动作，速战速决，快打快撤。

②伏击战。是袭击运动之敌的战法，分为待伏和诱伏，待敌或诱敌进入伏击圈时袭击之。要求秘密隐蔽，突然发起攻击，速决歼敌，快打快撤。

③破击战。是以破坏敌人重要军事目标为目的的战法。目标通常是敌人的交通运输线、后方补给系统、指挥通信系统和重要技术兵器基地等。进行破击战必须有周密细致的组织计划和充分的技术准备，以出敌不意的方法和行动实施。

④袭扰战。是游击队、民兵和群众相配合，以各种手段，杀伤、毁坏、恐吓、扰乱、疲惫敌人的战法。由游击队和民兵以单人或小组进行袭扰活动，

使用各种方式和手段杀伤敌有生力量，制造各种假象，虚张声势，迷惑敌人。

⑤地雷战。是以地雷为主要武器杀伤敌人的战法，通常与地道战、麻雀战结合，杀伤、消耗敌人，封锁和限制敌人的行动。

⑥地道战。是依托地道工程打击敌人的战法，通常与火力战、地雷战、麻雀战相结合，出其不意地打击敌人。

⑦麻雀战。是小群分散的阻击行动。通常三五成群，忽聚忽散，时隐时现，出没无常，灵活机动地杀伤、消耗、迷惑、疲惫敌人。

⑧围困战。对孤立驻止之敌的作战。切断守敌与外部的联系，断绝其物资供应，陷敌于弹尽粮绝的困境，结合政治攻势，逼迫其投降或为歼敌创造条件。

四、参考资料

[1] 本书编辑委员会. 东江纵队志（第1版）[M]. 北京：解放军出版社，2003.

[2] 粉碎日军"万人大扫荡". 东莞市档案馆，http://daxh.dg.cn/daj/kzdaxl/201610/20f5f3a0e84d4ac3896348dedacc9a63.shtml，2010-10-26.

[3] 粉碎日伪军"万人扫荡". 抗日战争纪念网（引自《广东省志》），https://www.krzzjn.com/show-920-59835.html，2017-10-19.

[4] 不朽的英雄番号：华南游击队粉碎"万人扫荡".新华网，2015-08-28.

[5] 中国军事百科全书编审室. 中国大百科全书·军事，中国大百科出版社，2007年.

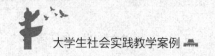

事件篇之 12：黄猄坑追击战

一、事件概述

东江纵队成立后，部队以高昂的斗志多路出击日伪军。广九线上的日伪军连续遭到打击后，不甘心失败，策划对抗日游击队进行大规模的进攻，企图使广九铁路畅通。

1944年3月31日，驻大朗的伪军第45师134团1000余人进攻驻梅塘乡黄猄坑村的东江纵队第3大队。第3大队大队长邬强接到伪军出动的情报后，找来驻不远处长山口村的第5大队大队长彭沃，一同察看了黄猄坑周围的地形，研究和制定作战方案。

清晨，伪军气势汹汹地直奔黄猄坑而来。第3大队以一个小队在黄猄坑西北山地敌人的来路展开麻雀战，消耗和疲惫敌人，将伪军逐步引入黄猄坑。伪军进入黄猄坑发现扑空后，慌忙向北撤退。此时，隐蔽在黄猄坑西南面山上的第3大队主力从左翼杀出，第5大队主力从右翼插上，两支劲旅对敌展开钳形攻势。指战员们在猛烈的火力掩护下，猛打猛冲。梅塘乡的抗日自卫队和民兵也登上四周山头向敌人射击。伪军为了掩护撤退，派一个连抢占西北面的凤山。邬强立即令平西中队切断凤山敌人的退路，在自卫队和民兵的配合下，将这股敌人包围起来，第3、第5大队则从左右两面对撤退之敌展开追击战。伪军乱作一团，只顾夺路逃命，抗日游击队紧追不舍。"冲啊！"战士们一个劲地喊着、追着，吓得敌人满山乱跑，有的掉进河溪，有的滚落山岩，有的眼看跑不掉索性举手投降。战斗进行到下午，第5大队一个中队从黄江圩向敌人侧翼迂回，截断敌人后撤部队，在黄猄坑以北地区歼敌两个连。抗日游击队将敌人追至黄江河，大部分敌兵将枪支弹药丢进河中，涉水过河，狼狈逃回大朗。第3大队随即返回凤山，解决了被包围在此地的敌人，战斗以胜利结束。

二、教学要点

1. 游击战和运动战相结合

黄猄坑战斗，是部队运用游击战和运动战相结合的战术，在白天运动中歼敌一大部的首次战例，也是一场以少胜多的精彩战例。此次战斗中，面对两倍于我军的兵力，游击队最终依然歼敌两个多连，击毙伪军20人、伤15人、俘28人，缴获轻机枪3挺、步枪100多支。

2. 黄猄坑战斗遗址

黄猄坑战斗遗址位于东莞市黄江镇黄猄坑村北面，东面是王猴山，南面是黄京坑村，西面是大朗打石岭，北面是大朗凤山。黄江镇地处粤港经济走廊的腹地，交通发达，西距广州80公里，南至香港60公里，北离京九铁路东莞站6公里，驱车往深圳国际机场和福永客运码头仅48公里。坐标：北纬22°53′01.3″，东经113°58′07.4″，海拔136.01米。新中国成立后，黄猄坑改名为黄京坑，黄猄坑战斗遗址原样保存。

三、延伸学习

1. 东纵战将邬强

邬强，原名邬泉玖，广东英德人，1930年4月加入中国共产党，1931年8月参加"鱼湾暴动"，任英德县苏维埃政府秘书。1937年，七七事变后，曾参加台儿庄战役和徐州会战。1939年8月，由中共广东省委指派到曾生部队。1940年3月，部队东移海陆丰时，任东江军事委员会副参谋长。1940年9月，任广东人民抗日游击队第3大队副大队长，率领第3大队挺进东莞，开辟大岭山抗日根据地。1942年，先后任广东人民抗日游击总队参谋处处长、第3大队大队长。1945年，任东江纵队北江支队支队长，率部开辟北江抗日根据地。

邬强是东江纵队赫赫有名的战将，为了革命，一生戎马，在中国救亡图存的军事斗争史上留下了一抹传奇色彩。抗日战争期间，他凭借自己的沉着机智，骁勇善战，一次次地冲锋在前，领导队伍击退敌军，立战功无数。1955年，被授予大校军衔。1957年6月，荣获中央军委授予的二级独立自由勋章、二级解放勋章。1988年8月，荣获中央军委授予的二级红星功勋荣誉章。

2. 日军长官剖腹自杀

1944年3月，邬强指挥部队，在黄猄坑战斗中一鼓作气歼敌两个连。为了报复此战失利，日军再次派出加藤大队和伪军共400余人长途奔袭，在马山攻打我军。邬强指挥部队三面夹击日伪军，打得敌军丢盔弃甲。邬强儿子邬波接受采访时说："马山打了加藤大队400多人，最后歼敌可能达60多人。加藤大队长，日本叫作大佐，回去之后就剖腹自尽了。"

四、参考资料

[1] 黄猄坑战斗. 东莞市档案馆，http://dag.dg.cn//daj/kzdaxl/201610/3cd4a41baa0245098932048d098a92ec.shtml，2010-10-26.

[2] 本书编辑委员会. 东江纵队志（第1版）[M]. 北京：解放军出版社，2003.

[3] 黄猄坑战斗遗址. 东莞党史，https://dgds.sun0769.com/detail.asp?id=3619，2018-07-02.

[4] 驰名东江纵队的"突围将军"邬强. 东莞阳光网，2015-07-20.

事件篇之 13：梅塘激战

一、事件概述

1944年5月7日，盘踞在广九铁路樟木头的日军加藤大队，出动三个中队和一个炮兵分队、一个短枪队共500余人，秘密奔袭驻扎在梅塘乡龙见田村的东江纵队领导机关和第三大队。当时，东江纵队第三、第五大队和东莞大队，集结在梅塘地区整训。纵队领导王作尧、梁鸿钧、杨康华等人在梅塘乡龙见田村组成领导机关，领导部队的整训。

5月8日拂晓，日军先头部队进至龙见田村的左侧，企图占领附近高地马山，偷袭驻村里的第3大队。王作尧和第3大队大队长邬强发现敌情，当即命令正在出早操的第3大队独立中队从西面抢占马山，掩护领导机关部转移。独立中队第1小队抢占马山头制高点，第2小队占领马山尾的主峰。邬强也随部队登上马山尾指挥作战，驻长山口村的第5大队听见龙见田村方向打响枪声，立即指挥第1中队占领龙见田村东北面的象山，第2中队监视东西一线，第3中队占领龙见田村东面的猪肝山。与此同时，梅塘地区的党组织发动民兵配合部队作战。

马山是控制龙见田村的制高点，马山阵地的得失，是决定整个战斗胜负的重要一环。当天上午7时许，日军在炮火的掩护下，分三路从东南、东北、正北向马山头进攻。独立中队第1小队严阵以待，等日军靠近阵地，立即集中火力猛打。战至上午11时，独立中队第一小队已连续打退日军4次冲锋，毙伤敌数十人，保证了纵队领导机关的安全转移。第5大队不断以火力威胁日军的左翼，支援马山战斗。下午1时许，日军企图撤退。东江纵队指挥员布置部队展开追击战，东莞大队正面追击，由田心直插龙见田北对面山、平点山截击日军。第5大队从猪肝山、象山迂回，形成半月形包围，把敌人围困在马山北侧。日军多次冲锋，企图抢占制高点，但在东江纵队的火力压制下，进退不得。下午3时许，日军两次施放烟幕弹，企图掩护撤退，均未成功。战斗持续到黄昏，最后日军由汉奸引路，抄山边小路撤走。

二、教学要点

1. 由被动防御转为主动出击的胜利

梅塘战斗是东江纵队重创日军的一次胜仗，以牺牲26人、伤10人的代价，共毙伤日军近百人。这一仗，是在日军几乎偷袭得逞的危险情况下，由于东江纵队领导机关指挥果断，指战员前赴后继、英勇作战，根据地民兵和群众大力支援，我军遂由被动防御转为主动出击而取得的胜利。战后，撤回樟木头的日军士气低落，大队长加藤以下官兵10多人剖腹身亡。

2. 争夺马山制高点是战斗的关键

争夺马山制高点，是这场战斗的关键。我方先占了马山制高点，变被动为主动，可以阻止来敌于山脚下，便于我方机动和反击。如果被敌方先行占领，他们依靠兵力和火力的优势，就会陷我方于被动挨打的地位，乃至有被击败的危险。东江纵队执行争夺马山任务的同志们，都知道这个重要性，一接到命令，个个都迈开两条腿，拼命往上跑，最终抢先占领了马山头制高点。

三、延伸学习

1. 晨曦中突然发现敌情

5月8日这天，晨曦初照，万里无云，东面大山的山峰放出彩霞，久经艰苦战斗生活锻炼的指挥部领导同志们都跟着部队早早起来了。精力充沛的王作尧，是最早走出村子门边的一个。这时，他聚精会神地在望着前面朦胧的群山，好像发现什么似的。

"怎么搞的？"王作尧自言自语。正好在这时，梁鸿钧、杨康华、邬强也都不约而同地来了。"啊，你们都来了，来得正好，你们看！"王作尧指着远山向着大家说。"是敌人，看，越来越多了！"杨康华说。这时，对面远山的棱线上若隐若现已站满了人。

"奇怪，我们上下流洞的人，哪里去了？为什么没有报告敌情？"邬强问。这上下流洞，是樟木头进来必经之路，我方派出去的武工队是有侦察和警戒任务的。

原来,我军在黄猄坑战斗中给伪军李益荣团以致命打击以后,驻樟木头、大朗之敌已存心报复,同时也急于解除我游击队对其交通命脉广九铁路的威胁,因而蓄谋布置这一次对梅塘我军指挥机关的奔袭。

敌军加藤大队长费尽心思,采取秘密集结部队的办法,表面上樟木头、大朗铁路线的日军一如平常,只是几个碉堡驻有一些武装分队,没精打采地在那里站岗,街道上也是冷冷清清的,入夜后营区更是一片漆黑。连我们派出去的情报侦察人员,也报来敌情无异常变化的信息。国民党军队在铁路线上和我方有合作关系的情报人员也送来同样的消息。这样,我们就被蒙骗了。日军这一招,也的确很毒辣。

"今天不开会了,立即准备战斗!……"王作尧迅即下达战斗部署命令。

2. 争夺马山制高点

第3大队独立中队第1小队有32人,小队长袁康是东莞温塘农村青年,20岁左右、高大、结实、勇敢。接到邬强大队长给他的抢占制高点的作战任务后,他走在前头指挥着自己的小队:"快上,同志们快上!"马山东面的马头,是马山也是附近最高的山峰。袁康小队一口气爬上了这100多米的马山山顶,并前出到前沿便于发挥火力的阵地。袁康急忙命令同志们占领有利地形地物,俯瞰山下,准备向上来之敌射击,不让一个敌人爬上来。

也正好差不多在这个时候,敌人也从山头北面的相反方向上来了。双方赛跑似的,只差数十米就要到山顶。袁康指挥自己的小队,用手榴弹、步枪、机枪的密集火力,对准就在眼前的凶恶的敌人一齐扫去,打得敌人死的死、伤的伤,连滚带爬退了下去。这时,2小队也上来了,控制了马头山顶的制高点,黎汉威、李中亲自在这里指挥。其他分队控制着马尾,与马头前沿的战斗互相呼应。同志们更加信心百倍,斗志昂扬,居高临下,直往下面对敌人进行射击。

敌人的火炮向山头上密集射来,还不时使用了野战炮枪榴弹,掩护其向上冲击的部队。炮弹把山上的泥土石块都翻了起来,大大小小的松树一株株被折断。黎中队长、李政委和战友们,几乎每一个人身上都盖上了泥沙,有的被掀起的石头砸破了皮,或被打断的树枝打伤,鲜血直流;但他们顾不了这么多,抹干净手中的武器,继续向冲上来的敌人进行射击,牢牢地坚守着阵地。

四、参考资料

[1] 本书编辑委员会. 东江纵队志（第1版）[M]. 北京：解放军出版社，2003.

[2] 黄业. 梅塘之战. 东莞党史，https://dgds.sun0769.com/detail.asp?id=1281，2009-01-21.

事件篇之 14：夜袭新塘火车站

一、事件概述

距广州市东郊15公里的新塘火车站，抗日战争时期是日军在广（州）九（龙）铁路线上的重要物资供应站，储藏着大批军用物资。日军部署伪军1个连驻守，并派中佐军官阿南坐镇指挥；又在新塘北面不远的永和圩和东南面的仙村设日军据点，随时可支援新塘伪军作战。日军头目曾吹嘘新塘火车站是一座"坚固的堡垒"。

1944年10月中旬，东江纵队北上先遣队负责人邬强奉命调回东江纵队司令部任参谋处长，北上先遣队由副大队长郑伟灵带领，配属增城肖光星、练铁带领的东纵独立第二大队，留在增城地区活动。11月初，独立第二大队决定攻打新塘火车站，消灭伪军，摧毁日军物资供应站，以巩固和扩大增(城)博(罗)游击区，建立民主政权。当即派副大队长郑伟灵带领情报参谋许沸腾、突击队员吴晃和队员王润化装成伪警署官员进入新塘火车站，仔细观察了站内的地形地物、伪军营房和阿南办公室内外的设施，还选好部队通过车站铁丝网的突破口，以及阻击新塘镇日伪军增援火车站的设伏点。

侦察任务完成之后，独立第2大队的几位领导研究决定了夜间长途奔袭、出敌不意、突然袭击、速战速决的作战方案：以郑伟灵、杨步尧大队配属独2大队周应芬手枪队为主力，担任消灭新塘火车站之敌的任务，并组成吴晃和周应芬两支突击队，吴队负责消灭伪军，周队负责活捉阿南中佐；独2大队陆仲亨中队配属爆破参谋陈清，带领爆破班，在新塘至火车站之间地段，埋地雷设伏阻击新塘圩增援之敌；卓觉民率领自卫中队担任后勤工作；大队部指挥所设在乌鸦浪村附近右侧的小山坡上，由郑伟灵、杨步尧负责统一指挥。

11月2日夜，部队从距新塘20余公里的增城县油麻山石径村出发，利用黑夜掩护，由禾浪村支书卢章容带路，前进到乌鸦浪附近的右侧山坡，等到深夜各路部队都已进入预定的地点并接近敌人时，敌人却完全没有发觉我们的行动。郑伟灵下令剪断铁丝网拉开突破口，吴晃和周应芬带突击队迅速通过铁路，分别向日伪军驻地冲去。这时，伪军碉堡内的哨兵才发现我队并连打两枪。我两名战士飞速冲进碉堡内生俘了哨兵，两支突击队随即冲进伪军驻地。周应芬带队员曹敏、黄永福、颜财等八九人冲进阿南办公室。阿南身穿军装正要拔出指挥刀来拼命，周应芬立刻用驳壳枪指着阿南胸脯令他投降，曹敏箭步上前夺下阿南的指挥刀，这个不可一世的日本军官束手就擒。与此同时，吴晃和叶振良、黄彪、冯浩等带队冲进伪军营房，一枪未发将正在睡觉的伪军副连长以下30余人全部俘虏，缴获长短枪30余支。正当此刻，山坡上伪军的军事哨凭借工事用机枪的猛烈火力向突击队射击，部队以更猛烈的火力还击，毙伤10余人。为了避免新塘镇及永和圩的敌人南北增援来攻，部队焚烧了日本仓库物资和伪军营房，迅速撤离战场。政工人员向被俘伪军做了简短教育后全部就地释放，只将阿南、翻译、女佣带走。战斗全过程只用了半个多小时，我方无一伤亡。

狡猾的阿南，初则不肯走，后则慢走，并暗中沿途捏碎香烟撒在路上，为天亮后新塘日伪军出动追击作引路标志。在次日上午，新塘日伪军出动七八百人，沿着指路烟丝，向我们发动进攻。我主力撤到油麻山石径村后，派出小分队阻击敌人，并迅速向油麻山东侧禾浪均和圩地区转移。战斗到中午，日伪军毫无所获而撤退。

二、教学要点

1.增城地区抗战进入新的阶段

奇袭新塘火车站的胜利，迫使广九铁路运输停顿了一个星期，迫使永和据点日军撤回新塘，极大震慑了增城和广九铁路沿线的日军。东江纵队收复了永和圩，巩固和扩大了增城游击区。

1944年12月，在永和圩成立了增城县第一个抗日民主区政府，任命方觉魂为区长，罗伯章为自卫大队长，卓觉民为副大队长，千余群众热烈参加成立大会。与此同时，东纵第四支队也在增城宣告成立，蔡国梁任支队长兼政委。从此，增城地区抗战进入新的阶段。

2. 敌后战场俘获的第一个日军中高级军官

夜袭新塘火车站，歼灭伪军1个连，活捉阿南中佐，这是东江纵队在敌后战场俘获的第一个日军中高级军官，震动了整个增城地区。群众欢天喜地，热情地慰问部队，数百名群众愤怒地围观阿南中佐。这个平时趾高气扬的侵略者，此时却颓丧地耷拉着脑袋，惊恐万状，宛如丧家之犬。群众初次见到活捉的侵华日军军官，个个兴高采烈，大快人心。被俘的阿南和翻译送交给纵队政治部敌工科进行教育，后来阿南有悔悟之意，参加了"日本人民反战同盟华南支部"，日本投降后被遣返回国。

三、延伸学习

1. 奇袭新塘火车站战前侦察

在情报参谋许沸腾的带领下，伪装成永和圩伪警署人员的郑伟灵和突击队队长吴晃、战士王闰一行4人，在一天上午，从永和圩出发，沿公路到达新塘火车站检查哨前的摊贩档入座。他们叫来酒菜、炒粉等食物，边吃边凝神地观察车站周围的地形。适时对座有一艳装女人闲坐，许沸腾便细声告知郑、吴两人，此女人是日军物资供应站站长阿南中佐的女佣，要进火车站内侦察和见阿南中佐，需通过此女人转达。

郑伟灵示意许沸腾与该女人攀谈。许即请她一同进餐，向她介绍身穿黑香云纱、胸佩伪警署圆形证章的郑伟灵是新由广州派到永和圩警署的专员，吴晃是永和圩伪警署的帮办，手拎提包的王闰是随员。许接着说："现因有一批木炭准备卖给供应站，想进火车站面见阿南中佐洽谈，请代转达。"但这女人动下眼皮，只管抽烟、饮茶、吃炒粉，不甚理睬许沸腾。许沸腾这位熟悉新塘地区敌情的情报参谋，灵机一动，随即掏出一叠储备券塞到她手里，说："请多帮忙！"这个见钱眼开的女人，立即起身要许沸腾他们稍候一下。不一会，她从火车站内走出来，对岗哨说了几句之后，就领着许沸腾他们进入火车站。

在通过岗哨到阿南办公室的途中，大家走得很慢，都很沉着地以非常敏锐而迅速的眼光，巡视站内的地形、伪军的简易营房、物资仓库、供应站办公室等。按事前约定的暗号，郑伟灵以丢掉手中烟头的方向，为车站铁路南面突破地段的位置。郑伟灵向吴晃、王闰细声地布置从突破口剪断铁丝网后分别向伪军营房和火车站突击的行进路线。这一切侦察行动，都在短短六七十米行程内悄悄地完成，唯有离火车站后百余米外山坡上伪军的军士哨能观察到。

郑伟灵他们进入阿南办公室，翻译盘问了几句后，就将30岁左右、身体健壮、戴眼镜、个子不高、身着军装、神气十足的阿南中佐请出来见面。许沸腾通过翻译，向阿南介绍了一行人的身份，随即谈木炭生意。其他同志则细心观察室内的地形和设置情况，分开时，相约过几天就拿木炭样品让阿南定价。由于大家沉着镇定，谈吐大方，阿南毫无疑心，信以为真。

在阿南办公室走出火车站的途中，郑伟灵一行再次反复巡视站内及附近的地形、敌情，随后沿着往新塘圩的公路走去。在途中，巧遇驻火车站的一个采买上士和一个挑箩伙夫去新塘买菜。郑伟灵他们以敬烟之机同这两个伪军边走边交谈，了解到该连伪军实际兵力只有五六十人。连长常夜宿新塘圩，只有副连长常住营房。这两个伪军自信游击队不会来打新塘，因为北面9公里有永和圩日伪军防守，东面10余公里的仙村还有日军据点防守，并说他们是"当兵食粮不卖命"的。为了"报答"这两个伪军提供情报，于是走到新塘圩请他们上茶楼饮茶。

从茶楼出来后，郑伟灵一行又在新塘圩内侦察了日伪军的驻地及其他岗哨布置等情况，从而选择了阻击新塘圩日伪军增援火车站的设伏地点。为了摸清夜袭的路线，当天深夜，郑伟灵他们摸到预定剪铁丝网的突破口，侦察了火车站内敌人活动情况，最后确定了设伏新塘援敌的位置。

2. 奇袭新塘火车站战场遗址

东江纵队独立第2大队奇袭新塘火车站战场遗址，位于广州市增城区新塘镇塘美村塘美西路南一巷的裕来市（土名）。解放后遗址已不复存在，现为广九铁路新塘镇塘美村路段，铁路两边当地村民已建房屋。

四、参考资料

[1] 本书编辑委员会. 东江纵队志（第1版）[M]. 北京：解放军出版社，2003.

[2] 郑伟灵. 奇袭新塘火车站. 人民政协网，https://www.rmzxb.com.cn/c/2016-01-07/667290.shtml, 2016-01-07.

[3] 陈乔桂，章世森. 擒敌酋、焚物资——东江纵队夜袭新塘火车站. 中国

军网，http://www.81.cn/gfbmap/content/2019-05/16/content_233785.htm，2019-05-16.

[4] 全国政协文史和学习委员会. 亲历者说——中国抗战编年纪事. 北京：人民出版社，2015.

[5] 陈惠瑜. 东江纵队独立第二大队奇袭新塘火车站战场遗址. 增城日报，http://zcrb.zcwin.com/content/202109/03/c173252.html，2021-09-03.

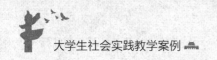

事件篇之 15：挺进粤北开辟根据地

一、事件概述

1944年春至1945年春，日本侵略者实施了贯通中国南北、联接南洋交通线和摧毁美国空军在华基地的所谓"一号作战计划"，由华北、华中继而华南地区发动新的进攻。

1944年7月25日，党中央指示中共广东省临委和东江军政委员会：凡敌向北侵占之地区，即应派得力干部或武装小队至该地区与党组织取得联系，尽力开展抗敌武装斗争。党中央希望广东我党武装能扩大一倍，并提高战斗力。8月，中共广东省临委和东江军政委员会召开了土洋会议。会议根据党中央指示精神，决定扩大抗日游击战争的规模，向北、东、西方向发展，首先创立东江、北江间抗日根据地，然后再准备向粤赣湘边和粤桂湘边发展。

二、教学要点

1.创建罗浮山抗日根据地

1945年2月初，王作尧、杨康华率领第3支队第3大队和东江抗日军政干校等，在独立第3大队接应下，从企石北渡东江，进抵罗浮山以南的长宁乡和以东的横河乡一带。3月，第三支队开进博罗，会同第1支队和独立第3大队、独立第6大队及博西独立大队，在罗浮山地区进行一系列战斗，横扫日伪顽军。博罗县除县城驻有日军，杨村、派尾仍为顽军盘踞外，广大地区为我军控制，罗浮山抗日根据地在战斗中创立起来，东江河两岸的解放区连成一片。中共广东省委和东江纵队领导机关进驻罗浮山冲虚观等地。从此，一直到抗日战争结束，这里成了华南敌后抗日游击战争的指挥中心。

为了建设罗浮山抗日根据地，各支队（独立大队）的民运队，在中共博罗县地方党组织的配合下，在博罗全县范围内深入进行群众工作。东江纵队机关工作人员和部队指战员也在驻地及附近村庄做群众工作，宣传发动群众，建立群众组织和基层抗日民主政权，进行减租减息和退租退息运动。1945年7月7日，通过各阶层代表民主协商，选举成立博罗县抗日民主政府。

2. 创建北江东岸抗日根据地

1945年1月20日，日军攻占韶关，打通粤汉铁路南段，粤北广大国土沦入敌手，国民党军第七战区余汉谋部退向赣南。2月，东江纵队决定北江支队和西北支队向北江挺进。北江支队在粤汉铁路以东开拓抗日根据地，然后沿铁路向北推进，开展粤赣边的抗日游击战争。

北江支队进入北江地区半年多时间，在打击日军过程中，部队发展到1500多人，活动地区由英东扩展到佛冈、新丰、曲江、翁源部分地区。地方党组织在民运队配合下，深入发动群众，在普遍建立农抗会、青抗会、妇抗会等群众组织的基础上，在北江东岸成立14个乡的抗日民主乡政府。1945年7月12日，经过民主协商，成立了县一级抗日民主政权——北江东岸抗日动员委员会。此时，北江东岸抗日根据地面积有3000平方公里，人口20多万。

3. 建立五岭抗日根据地

广东区党委和东江纵队根据中共中央6月16日、7月15日的电报指示，决定组织部队分三批北上，迎接八路军第120师359旅组成的南下支队，开辟五岭（越城岭、都庞岭、骑田岭、萌渚岭、大庾岭）战略根据地。第1批，由林锵云（珠江纵队司令员）、王作尧、杨康华，率领东江纵队第5支队等单位1200多人，和珠江纵队独立第3大队600多人，分路北上。第2批，以东江纵队第3支队为主共1000多人，1个月后北上。第3批，林平、曾生率领1000多人，3个月后北上。

8月16日，东江纵队挺进粤北指挥部（由林锵云、王作尧、杨康华负责）率领第5支队、东江抗日军政干部学校、鲁迅艺术宣传队、拖拉机文艺宣传队，以及政治部部分干部，共1200多人，从博罗县横河出发，于8月24日在翁源县官渡渡过翁江，击退国民党军第152师的袭击后，于8月26日到达始兴县清化地区的陬子，同风度大队会合。9月10日，接广东区党委和东江纵队来电："因形势变化，南下支队奉命北返，北上部队留粤北山区独立作战，坚持斗争。"

中共中央关于建立五岭抗日根据地的决定，虽然由于形势突变未能实现，但是当日本投降后，国民党军从赣南大批涌向北江和东江解放区，企图消灭东江纵队时，挺进粤北的部队已经在粤赣边站稳了脚跟，在粤北的仁化、南雄、始兴、和平、连平和江西省的大余、虔南、龙南、定南，以及湖南省汝城等县，完成了战略展开，开始了创建根据地的斗争。同时，牵制了国民党军第六十三军和第六十五军，减轻了东江解放区的压力，并为解放战争时期创建粤赣湘边纵队创造了条件。

三、延伸学习

1. 创建惠东抗日根据地

从1943年开始，惠东地方党组织和护航大队民运队，在惠东各地（包括稔平半岛）先后建立了13个乡的抗日突击队、自卫队、联防队、常备队等群众抗日武装组织。1945年2月，东江纵队在良井地区，以原惠阳大队部分骨干队伍和地方党领导的突击大队，及护航大队领导的一支地方大队为基础，并从惠东其他地方武装抽调部分人员和武器，组建第7支队。其任务是巩固惠东、稔平半岛游击区，创建惠东抗日根据地，配合第6支队向韩江流域推进。

第7支队在战斗中迅速发展到7个大队共1000多人。指战员利用战斗间隙，协助惠东地方党发动和组织群众，建立抗日民主政权。至1945年5月，成立了4个区抗日民主政府、8个乡政府、3个镇政府，并在此基础上成立了县一级的抗日民主政权——惠东行政督导处。有48万人口的惠东抗日根据地，在日军第129师团防区的广大乡村建立起来了。

2. 创建海陆丰抗日根据地

1945年初，东江纵队决定撤销大亚湾人民抗日自卫总队，以主力独立第四大队挺进海（丰）陆（丰）惠（阳）边，开展抗日游击战争，开辟海陆丰抗日根据地。2月，独立第四大队与中共海陆丰中心县委领导的武装，在大安峒组成第六支队，下辖独立第4大队、第5大队、海丰大队。第6支队的活动地区不断扩大并向陆丰县扩展，部队不断壮大，先后又组建了海陆大队、救乡大队和第7大队，全支队发展到1000多人。

到1945年4、5月间，先后在第一、五、六、九区成立抗日民主政权，各区建立了救乡自卫大队，共约1000人，抗日根据地初具规模。5月至6月，第6支队两次粉碎顽军地方部队对大安峒的进犯，保卫了抗日根据地。7月，海丰县抗日民主政府宣告成立。海陆丰抗日根据地在日军第104师团防区的广大乡村建立起来。

四、参考资料

[1] 本书编辑委员会. 东江纵队志（第1版）［M］. 北京：解放军出版社，2003.

[2] 东纵第七支队曾全歼日军两个班. 惠州文明网，http://hz.wenming.cn/kzm/201508/t20150808_1899833.htm，2015-08-08.

[3] 东江纵队第六支队的建立. 汕尾市民网，http://www.swsm.net/forum.php?mobile=no&mod=viewthread&tid=590657，2021-05-09.

03

遗迹篇

2016年，在井冈山革命烈士陵园，习近平向革命烈士敬献花篮并三鞠躬。习近平曾表示："党的十八大以来，我到地方考察，都要瞻仰对我们党具有重大历史意义的革命圣地、红色旧址、革命历史纪念场所，主要的基本上都走到了。每到一地，重温那一段段峥嵘岁月，回顾党一路走过的艰难历程，灵魂都受到一次震撼，精神都受到一次洗礼。每次都是怀着崇敬之心去，带着许多感悟回。"

东江纵队的战斗足迹遍布东江和北江广大地区，留下了许多遗迹和遗址。"遗迹篇"选取深圳、东莞、惠州、河源等地的其中10处作为教学案例。在教学中，既要让学生了解革命旧址、历史博物馆等遗迹遗址的历史过程和历史意义，更要通过开展情景式、体验式、沉浸式现场教学，让学生巩固和加深对相关历史人物、历史事件和革命精神的理解，强化责任担当。

遗迹篇之01：深圳坪山·东江纵队纪念馆

一、遗迹概述

坪山东江纵队纪念馆坐落于深圳市坪山街道东纵路230-1号，坐西北朝东南，正面为两层建筑，另三面是一层展廊，展廊呈封闭的方围形。占地约5000平方米，展厅建筑面积约1500平方米。

坪山东江纵队纪念馆于2000年12月2日建成开馆，成为广东省最早建成的东纵主题纪念馆，是一座社会科学类革命史专题博物馆。展馆外部主要由曾生故居、前进报社、革命烈士纪念碑和捐款芳名碑等部分构成。展馆内部主要包括序厅、中厅和展厅，集中展示东江纵队光辉历程和重大贡献，珍贵史料900余件。

坪山东江纵队纪念馆先后被评为深圳市爱国主义教育基地、深圳市中共党史教育基地、深圳市廉政教育基地、广东省反腐倡廉教育基地、广东省爱国主义教育基地，以及广东省国防教育基地，2018年3月确定为首批广东省红色革命遗址重点建设示范点。

二、教学要点

1. 东纵老战士提议修建

深圳坪山是东江纵队的策源地，也是司令员曾生的家乡，被称为"东纵之乡"。1995年11月，时年85岁的曾生逝世。岁月无情，曾与曾生并肩作战的很多东纵老战士相继离世，部分东纵遗迹亦在岁月侵蚀中遭到破坏。为了缅怀无数英烈和铭记这段激情燃烧的岁月，保护作为中华民族宝贵精神财富的东纵文化，东纵老战士提议修建东江纵队纪念馆。

1997年春，深圳市东纵老战士联谊会筹建东江纵队纪念馆。在民间捐资和政府资助等支持下，东江纵队纪念馆于2000年12月建成开馆。2002年底，纪念馆交由深圳市龙岗区政府管理。其后，每年都从市、区政府的补助中支出部分经费用于纪念馆的安防设施建设及各种维修工程。

2. 展示布局及特色

一楼序厅：两侧摘录并上墙了习近平总书记关于党史的重要论述；中间部分运用大屏幕和沙盘地图，形象地展示了敌我分布区域、敌军登陆时间等；文创产品区摆放着党史相关书籍，以及马克杯、文房用品、定制徽章、帆布袋等纪念品；服务前台则为观众提供了红色打卡和意见留言等贴心服务。

一楼东江纵队史迹展示厅，分为13部分："抗日救亡，武装准备；组队抗敌，突围东移；返回敌后，恢复发展；挺进港九，营救精英；艰苦奋战，扭转局面；东纵成立，杀敌立功；北进东进，全面发展；挺进粤北，抗战胜利；自卫坚持，谈判北撤；广纵成立，转战华东；成立边纵，威震南粤；广纵南下，并肩战斗；东纵战士，老兵新姿。"围绕各个历史时期东江纵队的革命经历进行解读，展示了东江纵队和两广纵队、粤赣湘边纵队在抗日战争、解放战争及参加世界反法西斯战争中艰苦卓绝的战斗历程与丰功伟绩。通过运用多媒体互动形式，艺术化还原了"百姓慰劳东纵战士""铜锣径伏击战""与盟军情报合作"三个具有代表意义的历史场景，带给观众身临其境的观感。同时，为了增强观众的参与性和互动性，增设了东纵歌曲点唱屏，《东江纵队之歌》、《东江水》、《曾生司令，东江人民怀念您》等14首东纵歌曲可以供观众现场学习和传唱。

二楼"曾生个人展厅"：实物展厅陈列了纪念徽章、字画、书籍，以及曾生将军使用过的家具、服装、电器等，翔实记录了曾生将军光荣的人生和俭朴的生活。展陈内容讲述了曾生将军年少立志投身抗日、率军北撤、挥师南下、横扫残敌、保卫家园的故事，生动形象地展示了曾生将军一生的革命事迹。

三、延伸学习

1. 曾生故居

曾生故居位于坪山东江纵队纪念馆内，二层砖木结构，为客家民居式建筑，面积约120平方米，陈列曾生将军出生时的床铺及其生前使用的生活用品。内设廉政教育展厅，展示了曾生同志廉洁奉公、勤俭朴素的事迹。抗日战争时期，东江纵队司令部也曾在这里办公。曾生故居于2001年6月公布为区级文物保护单位。

2. "空中英雄" 锦旗

坪山东纵纪念馆有一件珍贵文物，是一面抗日战争时期深圳坪山人民赠送给一名美国飞行员的锦旗，上面写有"空中英雄"字样，锦旗背后是发生在坪山的一个感人故事。

1944年2月11日，美军第十四航空队中尉克尔奉命空袭香港启德机场，不幸被日军击中战机，克尔被迫跳伞落入敌占区，驻香港日军立刻展开搜捕。双脚已被烧伤的克尔，首先被东江纵队小交通员李石找到。李石身上仅有几毛钱，自己都舍不得用，但是他把克尔藏好后，再回去时就用仅有的钱买了几颗糖给克尔，令克尔非常感动。随后，东江纵队迅速组织营救，先是派出翻译和医疗人员，接着又派出精锐力量，历尽艰险，将克尔转移到深圳坪山。

克尔伤愈后，东江纵队欢送他返回桂林基地，并以深圳坪山人民的名义向其赠送了一面锦旗，以表达对美国支援中国抗战的感谢。60多年后，克尔中尉的后代就凭借着这面锦旗落款的地点，找到深圳坪山，开始他们的感恩之旅。2011年5月20日，克尔的儿子将"空中英雄"锦旗，回赠给深圳坪山东江纵队纪念馆。

抗战期间，除克尔外，东江纵队还救过多位美军飞行员，其中有8人寄回了感谢信。在曾生的领导下，东江纵队通过美军"飞虎队"飞行员，开辟了著名的"飞行员安全通道"。

四、参考资料

[1] 关雨晴.走近东江纵队 传承抗战精神.南方Plus，https://www.163.com/dy/article/G9AIA1D6055004XG.html，2021-05-06.

[2] 邱嘉熙.打卡深圳"四史"学习教育实践基地丨探访坪山区东江纵队纪

念馆. 深圳发布，https://baijiahao.baidu.com/s?id=1697510691388469157&wfr=spider&for=pc，2021-04-20.

[3] 坪山区文化广电旅游体育局. 深圳市坪山区东江纵队纪念馆. 坪山区人民政府，http://www.szpsq.gov.cn/xxgk/zdlyxxgk/ggqsydw/whggwgk/content/post_8971201.html，2021-07-14.

[4] 走进深圳坪山东江纵队纪念馆 听东纵与美国大兵的故事. 深圳文明网，http://gdsz.wenming.cn/wmbb/201506/t20150616_1789645.htm，2015-06-16.

遗迹篇之 02：深圳坪山·《前进报》报社旧址

一、遗迹概述

《前进报》报社旧址，位于深圳市龙岗区坪山镇石灰陂村东江纵队纪念馆园区内，占地面积约120平方米，为面阔三间、进深一间的砖瓦民房，建于18世纪末，曾是石灰陂村村民办学的学堂，东江纵队的平民医院。

1943年12月2日，广东人民抗日游击队东江纵队成立后，《前进报》报社在此办报。1945年春天，报社随东江纵队政治部迁到罗浮山朝元洞，直到1946年6月3日东纵北撤山东烟台，《前进报》出版了100多期。

《前进报》报社旧址，陈列了印刷机（复制品）、油印机以及旧报纸，并展示了《前进报》产生与发展的过程以及报社的社歌。1984年9月，原《前进报》报社被深圳市人民政府公布为市级文物保护单位。

二、教学要点

1. 东江纵队的机关报

《前进报》为广东人民抗日游击总队的机关报，由东江纵队政治部直接领导。它见证了东江纵队的成立过程，也见证了东江流域在抗战时期所经历的大小战事。

《前进报》宣传中国共产党的抗日主张、方针和政策，报道东江抗日根据地和全国战事新闻，唤醒和鼓舞民众，指导东江根据地乃至广东地区的抗日斗争，在华南地区有相当大的影响力。

2. 新闻人在后方开辟的舆论阵地

1941年1月，曾生将军领导的广东人民抗日游击队第3大队为号召民众同心抗日，决定用创办刊物的方式来宣传革命，于是在东莞创办了《大家团结》报。同年2月，王作尧领导的广东人民抗日游击队第5大队创办了《新百姓》报。两份报刊成了抗战时期东江抗日游击区最早创办的革命报纸。半年后的1941年7月，两报合刊后继续以《新百姓》报之名发行，到年底共发行了16期。

1942年初，《新百姓》报正式更名为《东江民报》，时任社长为中共早期领导人谭天度。1942年3月，广东人民抗日游击总队成立，《东江民报》随之更名为《前进报》，成为总队的机关报，时任社长为中国新闻界传奇人物杨奇。

抗战时期，侠者以武御敌，儒者以文救亡，无论前线还是后方，都在勠力同心保卫大好河山。前线炮火连天，新闻人在艰难困苦的环境中，在后方开辟舆论阵地，以坚定的职业理念将新闻时事迅速传播开来，引导人民走向光明。当年负责报社油印室工作的石铃，曾填了一首《忆江南》词："飞利箭，油墨射强项，前方添锐弹，心红奋发艺云扬，一印七千张。"以表热烈激昂的心情，展现对未来的憧憬与对抗战必胜的信心。

三、延伸学习

1.《前进报》刊登的感谢信

1944年6月11日出版的第60期《前进报》上，刊登了两封美国飞行员写给东江纵队的感谢信。其中一封信来自美国十四航空队飞行员克尔中尉，还有克尔本人所画脱险经过的漫画。

后来，《前进报》又刊登了另外5名获救美国飞行员的感谢信。正是《前进报》的影响力，1944年7月出版的美国《美亚杂志》，曾以《东江游击队与盟国太平洋的战略》为题，论述了东江游击队与盟军的战略合作。

当年，克尔中尉临行前特意带走了几份《前进报》，他要带回美国翻译成英文，让美国人知道这里有一群抗日英雄。1984年，克尔中尉随美国总统里根访华，他在上海复旦大学发表的演讲中，追述了这段历史："我们和你们并肩抗敌，也许有人会记得，美国的陈纳德将军率领空军，飞越半个地球到中国助战，有些飞行员在中国上空机毁人伤。你还记得那些勇敢的小伙子吧，是你们把他们藏起来，照料他们，为他们包扎伤口，救了很多人的命。"

2.《前进报》出版发行约 100 期

战火纷飞的抗日年代，《前进报》成了东江百姓、兄弟部队了解东江纵队战斗、抗战形势和我党抗日主张的重要媒介。

1945年3月，东江纵队办的《前进报》社随东江纵队司令部进驻罗浮山，以罗浮山朝元洞为社址。不久，中共博罗县党组织将一台印刷机运上山。由油墨印刷到机械铅印，为《前进报》的大范围、大规模发行提供了可能，《前进报》发行范围从东江解放区扩散到珠江、西江、韩江、粤中等游击区和兄弟部队驻地。

抗战末期，也是《前进报》的全盛时期，该报辟有国际、国内、地方新闻和副刊，在路东、路西和北江游击区均派驻记者。1945年8月，应部队指战员和群众要求，《前进报》出版周期缩短，由周报改为"五日刊"。

据统计，《前进报》从1942年3月到1945年9月共出版发行约100期，发行范围遍布东江地区，还有北江、珠江、韩江、西江以及粤中、粤北和南路等地区的抗日游击区和部队，在华南敌后区有着广泛的影响力。报社还出版了《政工导报》《锻炼》《广东党人》等刊物，并印发大量的政治教育材料和整风学习文件。日本投降后，该报还曾出版过江南版和江北版。

1946年6月，东江纵队奉中共中央的命令，由广东北撤山东烟台，《前进报》随之停刊。

四、参考资料

[1]《前进报》报社旧址. 广东文化网，2008-09-23.

[2] 走近东江纵队 传承抗战精神. 南方Plus，2021-05-06.

[3] 坪山区党群服务中心. 抗战中的《前进报》. 坪山先锋，http://www.sznews.com/content/mb/2021-08/13/content_24478886.htm，2021-06-13.

[4] 走进深圳坪山东江纵队纪念馆 听东纵与美国大兵的故事. 深圳文明网，http://gdsz.wenming.cn/wmbb/201506/t20150616_1789645.htm，2015-06-16.

[5] 东江纵队纪念馆. 惠州文明网，http://hz.wenming.cn/zt2015/hzrkzs/jng/201507/t20150710_1840848.htm2015-07-10.

遗迹篇之 03：深圳葵涌·东江纵队司令部旧址

一、遗迹概述

东江纵队司令部旧址位于深圳市龙岗区葵涌街道土洋村。该建筑始建于1912年，为一座砖瓦结构意大利天主教堂，由主楼、礼拜堂和附属用房等三部分组成，中间有走廊相通。主楼二层，有一厅一间厢房，楼上有阳台，东西侧各有一间小平房。主楼高9.8米，宽11.4米，进深7.75米，外观及装饰颇具西洋建筑风格。占地面积约400平方米，建筑面积约270平方米。经修复已恢复原貌，屋前龙眼、乌柏、笔管榕等古树历经硝烟，仍郁郁苍苍、枝叶繁茂。

土洋村背靠犁壁山，东连大鹏半岛，西接盐田、沙头角，南濒大鹏湾，与香港隔海相望，附近的沙鱼涌是当时华南的主要交通口岸。太平洋战争爆发后，神父撤离土洋村。1942年春，根据战争形势的发展和有利于开展敌后游击战争的需要，中国共产党领导的广东人民抗日游击总队的指挥部由龙华迁到葵涌土洋村该建筑内。

1943年12月2日，根据中共中央指示，经过5年英勇奋战的广东人民抗日游击总队改称"广东人民抗日游击队东江纵队"。司令员曾生、政治委员林平（即尹林平）、副司令员兼参谋长王作尧、政治部主任杨康华在土洋村联合签署了《东江纵队成立宣言》，通电全国，公开宣布接受中国共产党领导。

1943年12月至1945年5月期间，该建筑成为东江纵队司令部所在地，主楼为曾生、尹林平、王作尧等领导人工作和居住的场所，礼拜堂则作为会议室和作战室，附属用房改为工作人员的工作用房。楼房后面的小平地，是小型练兵场。练兵场后侧建有一座琉璃正檐八角亭，为解放后人民政府所建的东江纵队纪念亭。

1945年5月，东江纵队司令部由土洋村迁到博罗县罗浮山。解放后，该旧址一度成为土洋小学校址。

1984年9月，被深圳市人民政府列为深圳市文物保护单位；1997年3月，东江纵队司令部旧址修复，并设立东纵史迹展览馆；1998年5月，东江纵队司令部旧址和东纵史迹展览馆正式对外开放；2002年7月，被广东省人民政府列入广东省文物保护单位；2019年10月，被国务院公布为第八批全国重点文物保护单位。

二、教学要点

1.文物遗存

东江纵队司令部旧址设有东纵史迹展览馆，基本陈列分为东江纵队史迹展和复原陈列两部分。东江纵队史迹展通过119件东纵战士战斗、生活、日用品等实物以及大量的照片、文献资料，展示了东江纵队"南域先锋、海外蜚声、艰苦风范、永继永存"的革命精神和战斗历程。"复原陈列"通过对曾生司令员当时工作和生活用过的部分实物的复原，再现曾生同志在艰苦的条件下，率领东纵不屈不挠、英勇抗日而成为"为民先锋"的史实。

2.土洋会议

1944年8月，中共广东省临时委员会和东江军政委员会在该建筑内召开联席会议，史称"土洋会议"。尹林平、梁广、曾生、连贯、王作尧、杨康华、罗范群等参加了会议。

会议深入讨论了中共中央关于东江纵队开展敌后游击战争的指示，分析了当前广东地区的斗争形势，并一致通过《关于今后工作的决定》，部署了全省的工作：第一，在全省继续深入开展敌后游击战争，建立根据地与发展游击区；第二，战略方针是独立自主的游击战，不放松向运动战发展；第三，发展人枪，扩大部队，建立支队编制；第四，在全军进行思想教育，加强部队的思想建设；第五，巩固抗日民主政权，使之能起到根据地及后方的作用，并向新区发展；第六，统战工作，要以我为主，去团结各阶层，争取中间人士；第七，财政经济工作，总方针是发展经济，保障供给；第八，开展城市工作，把中共中央关于城市工作的指示，具体传达到支队及靠近大城市活动的独立大队；第九，中区建立军政委员会，以五人组成，仍受东江军政委员会领导；第十，恢复和加强地方党的组织活动。号召共产党员都要参加到以武装斗争为中心的革命斗争中来，为打开广东的新局面，积极开展对敌斗争而努力奋斗。

土洋会议的召开，对加强广东党组织的建设和军队建设，全面发展广东的抗日武装斗争，具有重大的战略意义。它是广东人民抗日武装发展的转折点，为广东人民抗日武装的全面发展指明了方向。

3. 教育价值

土洋村东江纵队司令部旧址介绍了东江纵队组建、发展、壮大的历史过程，再现了东江纵队的主要史迹，见证了广东人民特别是大鹏革命先辈在艰苦条件下英勇抗日的风雨历程，是广东省和深圳市爱国主义教育基地。1995年4月，东江纵队司令部旧址被公布为"深圳市爱国主义教育基地"。2009年，被深圳市委组织部列为"深圳市党员教育基地"。2011年5月，被深圳市文体旅游局列为"深圳市首批红色旅游景区"。2021年，被中共广东省委宣传部命名为"广东省爱国主义教育基地"。

三、延伸学习

1. 虚拟数字展馆

2021年6月23日，东江纵队司令部旧址虚拟数字展馆正式上线。本次上线的虚拟数字展馆内容翔实丰富，包含200余份精心制作的讲解导览，以及深入挖掘的历史细节、历史图片和历史视频。虚拟数字展馆通过数字化手段将大鹏新区东江纵队司令部旧址打造成了线上实景学习空间，真实地还原了实际场景，既立足东江纵队司令部旧址，又串联东江纵队整个发展史，还挖掘出了不少生动感人的历史故事。

2. 交通路线

土洋村东江纵队司令部旧址位于广东省深圳市大鹏新区葵涌街道土洋社区中心巷16号，乘深圳公交E26路、M357路、M362路、高快巴士13号、高快巴士26号到土洋村派出所站下车，步行110米即可到达。

四、参考资料

[1] 大鹏新区文化广电旅游体育局综合科. 东江纵队司令部旧址. 大鹏新区政府在线，http://www.dpxq.gov.cn/zjdp/xqmxp/dpyx/content/post_3228361.html，2021-03-08.

[2] 土洋村东江纵队司令部旧址. 百度百科，https://baike.baidu.com/item/%E5%9C%9F%E6%B4%8B%E6%9D%91%E4%B8%9C%E6%B1%9F%E7%BA%B5%E9%98%9F%E5%8F%B8%E4%BB%A4%E9%83%A8%E6%97%A7%E5%9D%80/1373110.

[3] 东江纵队司令部旧址，历久弥新的革命精神和战斗故事. 深圳新闻网，http://www.sznews.com/zhuanti/content/2021-06/17/content_24164993_2.htm，2021-06-17.

[4] 东江纵队司令部旧址虚拟数字展馆正式上线. 新华网，http://m.xinhuanet.com/gd/2021-06/25/c_1127595931.htm，2021-06-25.

遗迹篇之04：
深圳大鹏·东江纵队军政干部学校旧址

一、遗迹概述

东江纵队抗日军政干部学校旧址，位于深圳市龙岗区大鹏镇鹏城东门外龙头山腰的东山寺内。

1944年7月，随着抗日斗争的深入，东江纵队力量不断扩大，已由原来的几十人发展到近万人。为了提高部队的战斗力和干部的文化水平，根据党中央指示，东江纵队在东山寺开办了"东江纵队军政干部学校"，由东纵副司令员王作尧兼任校长，李东明任政委，林鄂任教育长，饶卫华任秘书长，为当时抗日战争培养了不少军政人才，大鹏著名的抗日英雄赖仲元、刘黑仔等都是该校的学员。

在2013年东江纵队成立七十周年之际，在大鹏新区、大鹏办事处各部门的支持下，东山寺重建了东江纵队抗日军政干部学校旧址牌坊，将其树立在东山寺山门口右侧。石碑上刻有原东纵司令曾生题写的"一九四四年七月东江抗日军政干部学校创建于此"，落款为"曾生题 一九九五年五月 深圳市大鹏新区管理委员会2013年3月重建"。石碑的两侧分别是"东江抗日军政干部学校"及"广东人民抗日游击队东江总队"的简介。

二、教学要点

1. 东江纵队军政干部学校的两期学员

东江纵队军政干部学校是东江纵队培养军政干部的教育机构，设军事队和政治队，开设《论持久战》、《论新阶段》、《中国革命与中国共产党》、军队政治工作等政治课程，以及队列、射击、投弹、刺杀、袭击、伏击、爆破、进攻、防御、地形学和简易通讯等军事课。坚持理论联系实际的原则，讨论实际战斗，总结交流实践经验，提倡互教互学，发扬学员集体智慧。

东江纵队军政干部学校在东山寺先后培训了两期学员。第一期学员是东江纵队连排级干部，共 200 多人，1944 年 11 月毕业。第二期扩大招生，增设排级干部训练班，并招收一部分由地方党组织保送的中学生，学员达400多人，1944 年 12 月开学，1945 年 6 月毕业。该校后改为抗日军政大学第七分校，1945年2月随东江纵队司令部迁至罗浮山，后又随军辗转粤北地区。

2. 东江纵队军政干部学校的学习场景

参加第一期政治队培训的东纵老战士郭际，曾在其回忆录《征途拾零》中介绍在军政干校学习的场景：干校在大鹏城后山坡，东山寺借为校址……在寺的左侧一片浓荫的树下清除了杂草，整理出一块约200平方米的地方作为课堂，寺的右侧改造成为训练场、射击场……上课时大家带着垫子坐在地上，用膝盖当桌子记笔记。下雨时在寺内以班为单位细声丝语地讨论……

傅泽铭在他著的《星光熠耀》一书中这样描述：这时的大鹏城，每当曙光初现，威武的出操口令声和刺杀声响彻大地。暮色四合，嘹亮的歌声此起彼落，呈现出生气勃勃的景象……

三、延伸学习

1. 重建东山寺

东山寺是一座拥有600多年历史的岭南名刹，始建于明洪武二十七年(公元1394年)。据清·康熙二十七年《新安县志·杂志》记载："东山寺，在大鹏所东门外山上。中为观音堂，左上帝殿，右文昌阁，前三宝殿。"曾在清·咸丰二年（公元1852年）重修，清·咸丰四年在原址建成。建筑面积约为1400平方米，有山门、华表、关帝庙、大雄宝殿、观音庙、钟鼓楼等建筑。

20世纪50年代东山寺被拆毁。1992年初，当地村民及华侨自发捐款百余万元，重修东山寺。由于20世纪90年代重修的殿堂因建筑质量问题，被鉴定为危房。2004年3月15日，所在的鹏城社区将东山寺交由韶关南华禅寺方丈传正大和尚接管。2009年，东山寺再次开始重修。原建筑现仅存寺前的石牌坊。

2. 重建曾生题字石碑

1995年5月，原东江纵队司令员曾生在重游大鹏湾东山寺时亲笔题字"一九四四年七月东江抗日军政学校创建于此"，字为繁体。这行题字被刻在石碑上，镶进当时东山寺大门右侧墙上。

2009年东山寺重修，曾生题字石碑被拆下来收藏。2013年3月，由东山寺出资，在大鹏新区各相关部门的支持下，重新建成东江抗日军政干部学校旧址牌坊，将曾生题写的"一九四四年七月东江抗日军政干部学校创建于此"按原石碑的比例扩建。2013年6月18日，深圳市东江纵队老战士联谊会、深圳市原粤赣湘边战友联谊会的老同志和部分东江纵队后代参加了揭牌仪式。

而原曾生题字石碑后移交给大鹏老干中心，2014年11月17日后由大鹏东江纵队老战士联谊会移交到坪山东江纵队纪念馆。

四、参考资料

[1] 东纵军政干部学校旧址. 百度百科, https://baike.baidu.com/item/%E4%B8%9C%E7%BA%B5%E5%86%9B%E6%94%BF%E5%B9%B2%E9%83%A8%E5%AD%A6%E6%A0%A1%E6%97%A7%E5%9D%80/1083096.

[2] 陈碧霞. 东山寺 东江抗日军政干部学校创建于此. 晶报, 2018-12-09.

遗迹篇之05：
深圳白石龙·中国文化名人大营救纪念馆

一、遗迹概述

中国文化名人大营救纪念馆位于深圳市龙华区民治街道办白石龙老村1号。白石龙村是中国共产党领导的"抗战以来最伟大的抢救工作"的主要策划地和接待站。中国文化名人大营救纪念馆是目前岭南地区收藏中国文化名人大营救史料及文物最多，深圳市唯一的主题性纪念馆。馆名由国务院原副总理邹家华题写。

中国文化名人大营救纪念馆占地面积约2860平方米，于2005年9月3日，也就是中国人民抗日战争暨世界反法西斯战争胜利60周年之际正式开馆，2018—2019年进行了升级改造。现有展览厅3个（含天主堂旧址），展出面积826平方米。有各类文物92件组，历史照片287幅，场景3处，油画、国画、版画共21幅。有电子地图、LED墙、沉浸式投影、弧幕影院、幻影成像、名人综合查询大屏、图文扫码下载平台等声、光、电设备一批。

中国文化名人大营救纪念馆是广东省红色革命遗址、深圳市首批红色旅游景区、深圳市党史教育基地、市委党校活动教学点、思想政治教育基地。2010年11月，中国文化名人大营救纪念馆被授予"广东统一战线基地"。2020年8月，中国文化名人大营救纪念馆入选广东省党史教育基地名录。2020年9月1日，中国文化名人大营救纪念馆入选第三批国家级抗战纪念设施、遗址名录，深圳仅此一处。

二、教学要点

1. 胜利大营救

1941年12月8日，太平洋战争爆发。1941年12月25日，香港被日军攻占。

日军疯狂搜捕困留在香港的大批中国爱国民主人士和文化人士，他们的生命安全受到严重威胁。中共中央和南方局书记周恩来急电八路军驻香港办事处、中共广东党组织和广东人民抗日游击队，务必将他们安全营救，转移到内地大后方。

广东人民抗日游击队立即行动起来，挺进港九，建立联络站、开辟交通线。从1942年年初开始，主要历时四个多月，先后将何香凝、柳亚子、邹韬奋、茅盾等300多名爱国民主人士和文化人士以及其他人员共800多人，安全护送到宝安龙华、惠阳海丰、江门台山等地，其中大部分人员来到了白石龙村。游击队在阳台山上搭建草寮，照料他们的生活，并在条件允许后陆续将他们送往大后方。这次大营救没有牺牲一个人，没有被捕一个人，是为"胜利大营救"。

2. 一篇报道激起千层浪

2005年2月25日，《深圳商报》在A4版上，发表了一篇题为《"文化名人大营救"接待站急需营救》的新闻稿，并配发照片3张，分别是"这就是曾经接待过文化名人的白石龙教堂"、"墙上裂缝危及房屋安全"、"檩子腐朽断裂"。

关于白石龙教堂的文章发表后，被当时正在深圳休养的全国人大常委会副委员长邹家华看到了。他对天主教堂十分熟悉，当年在大营救期间，他曾和他的父亲邹韬奋先生以及母亲、弟妹一起，从被日军占领下的香港营救出来，在白石龙天主教堂接待站里居住过，后又被送到阳台山上的深坑等地，度过了一段难忘的岁月……2003年他曾来到龙华和白石龙村考察，和村民交谈。另据史料记载，邹韬奋先生在阳台山住了4个月，而邹家华与母亲、弟妹住了1个多月，是来得晚先离开的——党组织把他们几人送到了桂林，而邹韬奋先生则去了苏北根据地。于是，他提笔在这篇报道的边上作了批示，请相关领导给予关注。

宝安区以及当时的龙华街道很快行动起来。在龙华街道党工委、办事处的高度重视下，经过调研和实地走访，当年4月18日在龙华街道办事处召开了专题会议。宝安区文化局作了关于白石龙营救文化名人革命旧址文物保护情况的汇报、白石龙营救文化名人革命旧址抢救性保护方案，以及"保护范围图"等，提出了正式创办"中国文化名人大营救纪念馆"的意见。5个月后，纪念馆正式建成。

3. 白石龙会议

根据中共中央的指示精神，1942年1月下旬，中共中央南方工作委员会副书记张文彬到达白石龙村，同广东人民抗日游击队领导人林平、梁鸿钧、曾生、王作尧、杨康华等进行多次谈话，在白石龙村主持召开了一系列会议（称"白石龙会议"）。

会议总结广东人民抗日游击队三年来开展敌后抗日游击战争和反顽斗争的经验教训，对当前抗战形势、任务、方针、政策、游击战争的战略战术，以及部队军政建设等问题，作出了一系列重要决定。

会议指出，我们要遵照中共中央、毛泽东的指示，向一切敌人占领区域发展，决不受国民党当局的限制和约束，独立自主地放手扩大军队，建立根据地，发动群众，建立共产党领导的统一战线的政权。在军事上必须坚决地按照毛泽东关于游击战争的战略战术思想，机动灵活地打击敌人，避免硬拼打消耗战。必须加强抗日根据地游击区内的军民团结，巩固和发展抗日民族统一战线。

会议决定，成立东江军政委员会，林平为主任，梁鸿钧、曾生、王作尧、杨康华、谭天度、黄宇为委员。成立广东人民抗日游击总队，总队长梁鸿钧，政治委员林平，副总队长曾生，副总队长兼参谋长王作尧，副政治委员兼政治部主任杨康华，参谋处长邬强（邬强未到任，由周伯明任参谋主任）。总队设政治部、参谋处和军需处。部队进行整编，成立1个主力大队和4个地方大队。

白石龙会议是东江纵队历史上一次重要的会议。它正确分析了东江地区的抗战形势，明确了部队今后的斗争任务，加强了部队的建设，对进一步开展游击战争，建立抗日根据地具有重要意义，并为粉碎即将到来的日伪顽军的残酷进攻打下了思想基础。

三、延伸学习

1. 纪念馆布局

纪念馆的一号、二号展厅主要以图文资料、文物展陈和互动多媒体为主，以龙华人文精神、建立抗日武装队伍、文化精英香江蒙难、深入敌后秘密营救、安全护送回到后方和文化精英展才华等6个篇章，全面展现1942年历时近200天的白石龙文化名人大营救事件。

纪念馆左边是文化名人雕塑群，庄重肃穆；右边，扩展了一个文化名人大营救广场，广场背后的墙壁上雕刻了在那次大营救中的文化名人浮雕头像。纪念馆还增设了多媒体人物墙，上面有百余名营救文化人士、民主人士和盟军安全脱险背后无名英雄的头像。点击人像可弹出图文介绍，让市民直观地感受当年游击队和老百姓在条件艰苦的情况下克服困难，忍饥挨饿送情报、送医送药等情景。

2. 场馆的"沉浸式"体验

中国文化名人大营救纪念馆展览以大量珍贵的历史图片、文物展品，多种艺术制作、多媒体、高科技、信息化手段，立体地展示了中国文化名人大营救的重大历史事件。大量声光电前沿技术的运用，给参观体验带来强烈的"沉浸感"。一号展厅入门处是一个LED大屏幕，上面滚动播放着文化名人大营救的视频。与之呼应，展厅出口处有一个弧形影院，播放的是香港沦陷后对文化名人进行抢救的视频。展馆加入了立体多媒体电子沙盘、弧形影院、动态图文影像触控系统等科技元素，打破了传统博物馆展陈"严肃、冷漠、沉闷"的印象。在多媒体电子沙盘上，观众可以点击图片观看大图，还可以扫描二维码，把图文下载到手机里收藏。

3. 场馆的"场景化"设计

主要场景化展示区有两处：一处是在当时广东人民抗日游击队总部——白石龙天主堂研究部署大营救方案的场景，还原了当时的文化名人大营救任务部署会，仿真的模型人偶呈现了当年尹林平、曾生、王作尧、杨康华等人开会的场景；另一处是在香港铜锣湾避风塘驳船码头小船中茅盾夫妇等人准备横渡九龙红磡的场景，波浪翻滚，夜色昏沉，精细的设计仿佛带着大家重回那场惊心动魄的历史大营救。

4. 白石龙村有"小延安"之誉

抗日战争时期，白石龙村有"小延安"之誉。当时，白石龙村地处阳台山山脉与宝安县城、香港的交界之处，虽然靠近日伪据点，但是地形复杂，易守难攻，游击队指挥部、宝安县委均设在这里。本地乡民仅有20户人家，也积极投身抗战，男女老少踊跃参加自卫队、农会、妇女会和担架队。

1940年秋，中国共产党领导的广东人民抗日游击队（即后来的东江纵队）成立，王作尧率领第五大队创建阳台山抗日根据地，总指挥部就设于白石龙村，并在村后的密林里建立了医院、军械修理所、粮站、电台、报社等机构。全村不分男女老幼全力支持抗日，阳台山地区成为东江人民抗日斗争的重要基地，白石龙的地位日益重要。

1941年12月25日，香港沦陷，聚集在香港的大批文化精英危在旦夕。为了营救他们，中共特别成立了白石龙区委，指挥营救接待工作，数百位文化名人得以从香港脱险，并隐蔽在山高林密的白石龙村，等待向内地转移。村民们积极站岗放哨、搭建草寮、救治伤员、洗衣做饭。一些文化名人以草寮为家，在此停留数月，他们经常聚在一起谈时势、谈政治，过着艰苦却自由的生活，并把白石龙称作"小延安"。

四、参考资料

[1] 陶倩. 回溯"中国文化名人大营救纪念馆"的建立. 龙华新闻，http://ilonghua.sznews.com/content/2022-01/14/content_24877779.htm，2022-01-14.

[2] 打卡深圳"四史"学习教育实践基地｜中国文化名人大营救纪念馆. 深圳新闻网，http://www.sznews.com/zhuanti/content/2021-04/12/content_24087287_6.htm，2021-04-12.

[3] 探访深圳龙华新区"中国文化名人大营救纪念馆". 深圳频道——人民网，2015年07月02日（引用日期2020年09月13日）.

[4] 本书编辑委员会. 东江纵队志（第1版）[M]. 北京：解放军出版社，2003.

[5] 深圳白石龙："三龙"汇聚"小延安". 人民日报海外版，http://m.haiwainet.cn/middle/3541059/2015/0729/content_28992792_1.html，2015-07-29.

遗迹篇之06：惠州·东湖旅店

一、遗迹概述

东湖旅店，位于广东省惠州市惠城区桥东街道办事处上塘街70号，是一栋民国时期建的三层青砖楼房，也是惠州最早的欧式建筑。

抗日战争时期，东湖旅店作为中共惠阳县委设立的秘密交通站，见证了一场惊心动魄的大营救，100多位著名爱国民主人士和文化名人通过这里得以脱险。

2017年，惠州市惠城区政府出资750万元回购东湖旅店，打造成"营救中国文化名人陈列馆"，于2019年1月30日正式面向公众开放，现已成为粤港澳大湾区的一个爱国主义教育网红基地。原装的墙壁、地板、实木楼梯扶手，革命战士用过的旧实物和一张张泛黄旧照，带着人们重回抗战时期的岁月，将当年的繁华与沧桑娓娓道来。

1941年12月，太平洋战争爆发，日军侵占香港，封锁了港九交通要道，大肆搜捕抗日分子，中国抗日爱国民主人士、文化界人士及家属等800余人被困在香港，危在旦夕。中共中央对此十分关注，周恩来给广东党组织和东江抗日游击队下达了紧急指示："要尽一切努力，不惜任何代价，将困留在香港

的文化界人士和爱国民主人士抢救出来。"从1942年1月开始，一场惊心动魄、争分夺秒的粤港秘密大营救上演。按照广东党组织的部署，撤退分为水路和陆路两条路线，并且分段、分区，沿途设置秘密接待站，惠州就是其中一站。

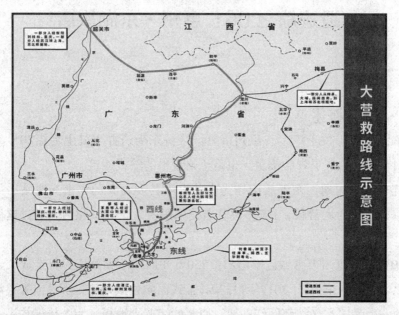

中共地下党员卢伟如以香港昌业公司老板的身份包下惠州东湖旅店2楼，作为秘密交通站。茅盾、柳亚子、张澜、邹韬奋、廖沫沙、胡绳、胡风等100多位知名文化人士和爱国民主人士从宝安白石龙转移到惠州，入住东湖旅店，再沿江北上抵达老隆、韶关等地，然后分散转移到大后方。

二、教学要点

1. 越危险的地方越安全

惠州是东江地区公署和惠阳县政府所在地，驻守着国民党65军的187师。该师师长张光琼也得到了近期有一批知名文化人士和爱国民主人士要从香港经惠阳地区进入内地的情报，便在所有进出惠州的水口、路口加设检查站，还专门设立了一个"港九难民登记处"，要求每一个从香港过来的人都必须去登记。

接到建站任务后，中共惠阳县委年仅22岁的组织部部长兼武装部部长卢伟如与妻子叶锦珠、交通员刘茂仔等3人，进入惠州城的第一件事就是寻找合适的地方作为秘密交通站。他发现，水东街位于西枝江、东江交汇处东部的一个半岛上，到处是一排排民居和密布的商铺，人员密集复杂，而且靠近码头，住宿、出行、登船都非常方便。

卢伟如在物色具体地点时注意到，东湖旅店高档奢华，门口还有国民党军队的岗哨。一打听，原来是张光琼师长包下了这里的三楼。"越是危险的地方越安全"，这是地下工作的一个原则。卢伟如当即决定：在东湖旅店设立秘密交通站。于是，他以香港昌业公司老板的身份包下东湖旅店的二楼。

2. 商人身份是最好的掩护

设站东湖旅店之后，卢伟如还联络到惠州中国农工党，让他们把位于水东街的"东和行"商行腾出一部分供自己使用。在地下党、游击队的帮助下，卢伟如从香港筹集了布匹、煤油、医用品等紧缺物资，利用"东和行"商行真正做起了生意。由于卢伟如的派头大、货多，每天都有大批的商人和国民党军官来到东和行和东湖旅店找他吃饭、谈生意。这样，卢伟如不仅和国民党军官们建立了良好的商业关系，而且使他们放松了警惕，为后来开展工作创造了许多有利条件。

1942年1月下旬，受廖承志的委托，人称"梅州大侠"的廖安祥携带3万元从香港来到惠州，打算开一家叫"源吉行"的商行。根据廖承志的安排，卢伟如当上了"源吉行"的老板。此后廖安祥和卢伟如经常用"源吉行"的名头，以谈生意为名，花重金宴请张光琼等国民党军政要员。酒酣耳热之际，卢伟如向张光琼师长提出："我有些香港来的客户、亲友因避战火，要经过惠州到后方去避难，请高抬贵手，多行方便。"张光琼竟然没有丝毫疑惑，一口应允。

1942年2月7日（农历腊月二十三），日寇突然发动空袭，"源吉行"发生大火。廖安祥灵机一动，当即向张光琼求救，没想到张光琼还真的派兵过来把火扑灭了，并且把保险柜也搬了出来。自此，整个惠州城的人都知道"源吉行"的老板廖安祥、卢伟如与惠州最高长官的关系非同一般。在惠州，只要是他两人出面的事就没有人敢阻拦。

三、延伸学习

1. 一组雕塑

东湖旅店营救中国文化名人陈列馆中，一组雕塑吸引了不少游客驻足观看。展台一侧，几位文化名人围坐桌前把酒言欢；另一侧，茅盾夫妇手持圆碟，用亲自下厨烹饪的家乡名菜——"风味鸡"款待大家。那是1942年的大年初一，几十位文化名人以及部分参与营救的人士，就这样吃上了一顿特别的团圆饭。

2. 一种精神

东湖旅店的主人名为翟雨亭，毕业于广东高等师范学堂，受同学之邀赴福建工作，后兴办建筑公司。1935年，翟雨亭全家迁回惠州。抗战期间，翟雨亭受各行业公推当选为商会理事长。1938年10月惠州沦陷时，城区旅店几乎全被烧光，原有的酒店和旅店无法复业，一些有钱人家便将幸免的房屋改为旅店，翟雨亭也把自己当时在惠州最豪华的西式洋楼改成了东湖旅店。在大营救中，翟雨亭担负起秘密接待之责。那段时间，他嘱咐店员不再接待其他旅客，专门接待爱国人士，并且不得向外宣传，使爱国人士得以安静休息，安全离开惠州。翟雨亭由此完成了其人生征途中最重要的一次保护任务。

四、参考资料

[1] 东湖旅店. 百度百科, https://baike.baidu.com/item/%E4%B8%9C%E6%B9%96%E6%97%85%E5%BA%97/1443212?fr=aladdin.

[2] 东湖旅店：见证粤港秘密大营救. 光明网, https://m.gmw.cn/baijia/2021-04/29/34811185.html, 2021-4-29.

[3] 李向锋. 抗日战争中的秘密大营救. 党的生活（黑龙江）, 2016（1）.

遗迹篇之07：惠州罗浮山·东江纵队纪念馆

一、遗迹概述

罗浮山东江纵队纪念馆，座落在国家级重点风景名胜区惠州市博罗县罗浮山朱明洞景区内。三面环山，前面是秀丽的白莲湖，右侧不远处为东江纵队司令部旧址冲虚古观。

2003年12月1日，在抗日战争胜利60周年之际，罗浮山东江纵队纪念馆建成开馆。"东江纵队纪念馆"馆名，为全国政协原副主席叶选平题写。

罗浮山东江纵队纪念馆占地面积约5584平方米，其中建筑面积约3300平方米。内设序幕厅、陈列厅、英烈厅、影视厅等4个展示厅，以及3条长60多米、宽3米的参观走廊。馆内展示了500多幅真实的历史照片，陈列了98件文物（主要是东纵战士生活用具）和缴获的武器，以及东江纵队、粤赣湘边纵队当年出示的布告等。

罗浮山东江纵队纪念馆是广东省爱国主义教育基地、红色旅游示范基地、国防教育基地、党史研究基地。2014年8月24日，被列入第一批国家级抗战纪念设施、遗址名录。

二、教学要点

1. 东纵司令部进驻罗浮山

1944年8月，中共广东省临时工作委员会和东江军政委员会在广东大鹏半岛召开联席会议，决定东江纵队在巩固和发展惠东宝抗日根据地的基础上，集中主力向北挺进，创建罗浮山以北、翁源以南，东江、北江之间的抗日根据地，同时积极组织力量向东发展，创建东江、韩江之间的抗日根据地，全面开展东江敌后抗日游击战争。

随着东江纵队不断发展壮大，1945年5月，中共广东省临时工作委员会领导机关和东江纵队司令部、政治部，以及后勤机关先后进入罗浮山，司令部设在冲虚古观，政治部设在白鹤古观。东江纵队领导机关抵达罗浮山后，开展了一系列革命活动，革命火种在罗浮山一带点燃。罗浮山一度成为华南敌后抗日游击战争的"红色心脏"和指挥中心。

2. 罗浮山会议

1945年7月6日至22日，中共广东省临时工作委员会在罗浮山冲虚古观召开了干部扩大会议，传达了党的"七大"精神和中央关于华南战略方针的指示，总结了抗战以来广东党组织的经验教训。这次会议是广东党组织历史上一次具有重大意义的会议，史称"罗浮山会议"。

会议一致通过了几项重要决议，如撤销中共广东省临时工作委员会和东江军政委员会，成立中共广东区委员会；迅速北上，创立战略根据地；大力发展党员，扩大主力军，巩固民主政权，积极领导人民群众进行自发性的武装斗争，开展华南民主运动；等等。

经过一段时间的准备后，由林锵云、王作尧、杨康华组成的粤北指挥部率领东江纵队第五支队、军政干校、鲁迅艺宣队等共1100余人，于1945年8月15日向粤北挺进，准备与王震率领的南下部队359旅会师，开辟五岭根据地。随后，东江纵队领导机关也逐步迁离罗浮山，告别冲虚观，奔赴新的战场。

3. 纪念馆布局

纪念馆门前，是一个约2300平方米的宽阔广场。在广场的右侧，安放了一组人物雕塑像，主题是：东江纵队将士，前赴后继，永远向前。

序幕厅的正面，是一幅大型彩色喷绘图，它以东江为背景，磅礴的气势展示了东江纵队的精神风貌。序幕厅两侧墙上，镶有《义勇军进行曲》和《东江纵队之歌》两首歌曲，表达了当年全民族抗战的坚强意志。序幕厅里面的两侧墙上，用红底金字，展示中央6位领导人的题词，这些题词对东江纵队给予了高度评价。序幕厅的顶棚，装饰了60颗五角星灯光，以示东江纵队成立60周年。

陈列厅约500平方米，以大量的文献资料、真实的历史照片以及珍贵的革命文物，全面反映东江纵队、两广纵队、粤赣湘边纵队的革命事迹。陈列内容分为五个部分：第一部分，抗日战争爆发组建东江人民抗日武装；第二部分，坚持敌后抗战建立惠东宝抗日根据地；第三部分，东江纵队成立夺取抗日战争胜利；第四部分，奉命北撤山东转战大江南北；第五部分，坚持南方游击战争并肩解放广东全境。陈列的文物约有82件，主要是东纵战士生活用具，以及缴获敌人的武器。重要文物有东江纵队《前进报》印刷机，以及东江纵队、粤赣湘边纵队当年出示的布告等。在展厅的另一侧，镶有名画家创作的6幅反映东江纵队重要革命事件的油画。

英烈厅的设置，是为了缅怀英烈的丰功伟绩和弘扬他们的爱国主义精神。英烈厅内刻写了5000多位烈士的英名，厅内还展示了10位英雄人物和5个英雄集体的光辉事迹。

映视厅主要播放十五集电视连续剧《东江纵队》和历史纪录片《芦沟桥事变》，以及文献片《东江纵队》，让观众更形象地了解东江纵队的战斗历程和七七事变。

参观走廊设置了日军侵华罪证展览，内容包括日军入侵、抢掠、焚烧、轰炸、制造无人区、摧残妇孺、设立慰安所、劳工、实施细菌战、实施毒气战等侵略罪行。通过展览，警示国人，不忘国耻，奋发图强，振兴中华。

为了更好地讲述东纵故事，2019年罗浮山东江纵队纪念馆进行了提升改造。其中，展陈方式改变了过去只有历史图片和文字的模式，在每个重要事件节点都配上视频播放，帮助游客看、听、悟相结合。同时，增设了红色故事长廊和红色课堂，更加丰富了新时代红色教育活动的开展。

三、延伸学习

1. 东江纵队《前进报》印刷机

东江纵队《前进报》印刷机重达近1吨，历经70余年，机身仍然发亮。据介绍，该机原是《博罗日报》社长、进步人士陈洁通过多方募资，于1941年购得。1944年日寇大扫荡，《博罗日报》停印，为了避免印刷机落入日寇手中，陈洁等人将机器埋藏在博罗附城农民陈锦青家里。几个月后，东江纵队领导机关迁徙到罗浮山，陈洁将印刷机的埋藏点告诉了东江纵队。东江纵队5支队政治处主任韩继元派曾辉带领十多名战士，突破敌人重重封锁线，用扁担将这台笨重的印刷机运往罗浮山朝元洞，交给东江纵队《前进报》报社使用。由于印刷质量和数量都有了质的飞越，《前进报》发行范围从东江解放区扩散到珠江、西江、韩江、粤中等游击区和兄弟部队驻地。

1945年9月，东江纵队北撤，不能把这台机器带走，再次将其拆散埋在朝元洞附近。报社工作人员廖荣因腿受伤不能跟部队迁移，就以僧人身份隐居在朝元洞，负责保护这台印刷机。解放后，廖荣将此机运往惠阳印刷厂继续使用。1978年，博罗县文化局在原《前进报》随军记者钟紫和廖荣的协助下，将这台机器运回该县博物馆收藏，此机也被定为了国家二级文物。

2. 罗浮山电台与美军联系

抗战时期，东江纵队与英军、美军等盟军有密切的情报合作。东江纵队司令部1945年3月转移到罗浮山，美国人欧戴易观察组对内叫安全保密组，隐藏在罗浮山北侧的一位地下党员家里。东江纵队在罗浮山上架设电台，通过欧戴易与美国第十四航空队的陈纳德将军和美国太平洋舰队总司令尼米兹联系。

东江纵队联络处先后向美军提供过日军在香港启德、广州天河、深圳西乡南头机场的图例和说明，以及日军太古船坞建造计划图、日军华南舰队密码、日军神风攻击队K2飞机图纸、广九沿线日军工事图、香港日军海防图等大量重要的军事情报，东江纵队因此获得了陈纳德将军、在华美军司令部甚至华盛顿的赞誉。美方盛赞东纵情报站是"美军在东南中国最重要之情报站"，它的情报被认为"在质与量都经常优越"，感到"极大满意"。

四、参考资料

[1] 东江纵队纪念馆. 惠州文明网，http://hz.wenming.cn/zt2019/19sgzj/

jj/201906/t20190627_5925258.htm，2019-06-27.

[2] 黎秀敏，林晓慧.惠州东江纵队纪念馆. 南方都市报，http://epaper.oeeee.com/epaper/A/html/2021-02-03/content_2654.htm，2021-02-03.

[3] 东江纵队纪念馆. 百度百科，https://baike.baidu.com/item/%E4%B8%9C%E6%B1%9F%E7%BA%B5%E9%98%9F%E7%BA%AA%E5%BF%B5%E9%A6%86/70255?fr=aladdin#ref_[1]_10464622.

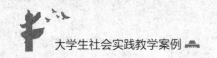

遗迹篇之08：东莞大岭山·抗日根据地旧址

一、遗迹概述

1940年秋，广东人民抗日游击队第三大队根据中共前线东江特委的指示，挺进东莞大岭山地区，开辟了大岭山抗日根据地，开展敌后游击战争。大岭山抗日根据地旧址是东江纵队主要领导人指挥东宝地区的抗日游击战争的机关所在地，在中国华南地区的抗战过程中具有重要的历史地位。

大岭山抗日根据地旧址是一片带有浓厚岭南建筑特色的村落，是华南地区规模最大、保存最好的抗日旧址，也是全国19个抗日根据地之一。该旧址包括9处重要文物，其中第3大队大队部、会议室、《大家团结》报社、交通站、粮食加工场、操场等6处抗日旧址位于大王岭村，医务所、中山书院、连平联乡办事处等3处旧址分别位于瓮窑村、油古岭村和连平髻岭村。

大岭山抗日根据地旧址于1978年5月被列为东莞市文物保护单位，2002年7月被广东省人民政府公布为第四批广东省文物保护单位。2003年5月，东莞市委、市政府拨款3000万元，在抗日旧址最为集中、历史环境风貌保存较好的大王岭村兴建广东东江纵队纪念馆。2006年5月，被国务院批准列入第六批全国重点文物保护单位。

二、教学要点

1. 东莞首个抗日根据地

1940年9月，中共前线东江特别委员会召开部队干部会议，决定把东江地区的人民抗日武装整编为广东人民抗日游击队第3、第5大队，坚持在惠（阳）东（莞）宝（安）地区开展敌后游击战争，建立抗日根据地，领导中心设在东莞。同年10月初，尹林平、梁鸿钧、邬强率领广东人民抗日游击队第3大队70余人，挺进东莞大岭山。

因为此前王作尧率领的东莞抗日模范壮丁队活跃在大岭山一带，建立了抗日游击基地，有良好的群众基础，所以部队进入大岭山之时，就受到了群众的热烈欢迎。"老模回来了"的消息很快传遍各村落，群众有的烧水做饭，有的拿出粮食、腾出房子，用各自的行动来支援部队。

中共东莞县委配合第3大队在大岭山区开展创建抗日根据地工作，加强地方党组织、群众组织和政权的建设，建立了一支主力部队和地方武装相结合的人民抗日武装队伍，成立中共大岭山抗日前线特别区委，成立群众抗日团体，建立乡、区级抗日民主政权，开办部队干部训练班和干部学校"中山书院"，创办部队医务所、《大家团结》报。仅半年时间，大岭山抗日根据地就初步建立起来，面积有900多平方公里，人口10余万，第3大队也由原来的70多人发展到300多人。

2. 根据地的重要战略价值

日军从大亚湾登陆之后，相继在两个地方建立登陆据点，一个是樟木头，一个是虎门。广州是日军在华南地区的重中之重，虎门保证了珠江航道的安全，樟木头则关系到广九铁路的通畅。这两个据点相距不过50公里，而大岭山根据地就选择在两个据点的中间。

在全国来说，没有哪一个县有两个日军大队驻扎，而且没有人敢在两个日军大队相距50公里的中间建立根据地。作为扼守广九铁路、威胁敌人生命线的游击队根据地，大岭山无疑成为敌人的眼中钉、肉中刺。不久，日伪军纠集9000余人，对大岭山进行"铁壁合围"，展开"万人大扫荡"。根据地军民奋起抗战，取得了百花洞战斗等胜利，粉碎了"万人大扫荡"，沉重打击和有效牵制了盘踞在广东的日伪军，有力地支援了华南地区及全国的抗日战争。

3. 根据地旧址的九大文物

第3大队大队部旧址：位于大王岭村，是一座泥砖民房，长约11米，宽约7米，面积约77平方米。这里同时作为广东人民抗日游击队领导机关，指挥惠（阳）东（莞）宝（安）地区开展敌后游击战争。

第3大队会议室旧址：位于大王岭村，是一座清代刘氏宗祠，三开间两进四合院式布局，长约11米，宽约16.5米，面积约184平方米。1940年10月至1941年10月，广东人民抗日游击队领导人林平、梁鸿钧与第3大队负责人曾生、邬强和卢伟良等，经常在此开会，研究部队和抗日根据地的建设，讨论敌后游击战争的战略战术等问题。1941年5月，广东人民抗日游击队军事训练班在大王岭村开班，学员住在会议室内。

《大家团结》报社旧址：位于大王岭村，是一座泥砖民房，长约9.3米，宽约11米，面积约102平方米。1941年1月，第3大队在此创办《大家团结》报，这是抗战时期广东敌后地区第一份革命报纸。该报为油印版，每个星期出版一期，共出版了20期，主要进行抗日游击宣传，报道国内外新闻及日伪军的活动等。1941年9月与第5大队在宝安阳台山抗日根据地创办的《新百姓》报合并。

第3大队交通站旧址：位于大王岭村，是一座泥砖民房，长约9.9米，宽约8米，面积约79.2平方米。1941年10月初，国民党顽军进攻大岭山抗日根据地，广东人民抗日游击队第3大队主力转移外线作战，留下小部队以及抗日自卫队在大岭山坚持内线作战。为保持部队之间以及部队与地方中共组织的联系，在缺乏现代交通和通讯工具的困难条件下，在此以小商店作掩护设立交通站，秘密开展交通联络工作。

第3大队粮食加工场旧址：位于大王岭村，是一座泥砖民房，长约10米，宽约7米，面积约70平方米。1940年10月初至1941年10月初，第3大队为了加强后勤军需工作，保证部队的粮食供应，在此开设粮食加工场，把稻谷、杂粮运到这里，请村民用竹笼磨、脚踏碓等工具进行简单加工，然后送到部队各伙食单位。

第3大队操场旧址：位于大王岭村，是一片露天空地，长约46.5米，宽分别为11米、21米，面积约1000平方米。为了提高指战员的军事素质，增强部队战斗力，第3大队把此地开辟为操场，开展军事训练。1941年5月，为了适应部队迅速发展壮大和游击战争的需要，广东人民抗日游击队在大王岭村举办军事训练班，第3、第5大队选送班、排干部参加，也利用这个操场进行军事训练。

第3大队中山书院旧址：位于油古岭村，是一座清代天主教堂，长约32米，宽约19.2米，面积约614.4平方米（建筑面积约206平方米）。1941年7月，第3大队仿照陕北公学的办学方法在此创办书院，举办了一期干部训练班，招收东莞、广州、香港、九龙等地的知识青年数十人，学习政治、文化、时事政策等。学员经过短期培训，结业后分配到部队和地方工作。

第3大队医务所旧址：位于瓮窑村，是一座泥砖民房，长约7.6米，宽约7.1米，面积约54平方米。1941年4月，第3大队在此设立医务所。当时部队医疗条件极差，药品缺乏，医疗器械简陋，医务人员克服困难，用盐水代替消毒水、采摘草药、自配药水等方法，救治游击队伤病员。

大岭山抗日民主政权连平联乡办事处旧址：位于连平髻岭村，是一座清代李氏宗祠，三开间两进四合院式布局，长约16.9米，宽约11.4米，面积约192平方米。1941年5月，第三大队配合地方中共组织，在大岭山区已建立八个乡抗日民主政权的基础上，成立全区性的政权机构——连平联乡办事处，负责处理根据地内的民政事务，实行减租减息，组织生产，支持游击队的敌后游击战争。

三、延伸学习

1. 大岭山抗日根据地的历史作用

第一，奠造我党领导东江人民武装抗日的坚实根基；

第二，开辟东江敌后游击斗争的主战场；

第三，开创东江抗日根据地文化建设的先河。

2. 大岭山革命遗址"活"了

在中国共产党成立100周年之际，东莞大岭山镇结合客家乡土文化，对大岭山抗日根据地旧址进行全面升级改造，进一步丰富抗日根据地旧址文化内涵，以更好地传承和弘扬"东纵"精神，让"东纵"精神真正成为大岭山乃至东莞市一张闪亮的红色文化名片。

目前，在大岭山镇大岭村，抗日根据地旧址及周边已经焕然一新，道路绿化带全部经过修整，各种绿植整齐有致，绿化带中间的红色主题雕塑栩栩如生，红色美丽乡村牌坊高大醒目，抗日旧址在尽量保持建筑原有风格的同时，在墙壁上还涂上了各类优美、逼真的主题彩绘，风格突出的主题雕塑则生动地演绎了"东纵"精神，吸引着游客驻足观赏。

据悉，大岭山抗日根据地旧址升级改造项目除了对一些设施进行修缮加固，对环境进行美化升级，还将增加包括大岭山红色文化长廊、"挺进大岭山"文化浮雕、党旗党徽主题墙绘，以及建党100周年LOGO等17个场景，以更加立体的方式展示抗战时期军民团结一心、共同抗日的场景。

四、参考资料

[1] 刘琛，陈文杰. 大岭山抗日根据地旧址. 广州日报，https://baijiahao.baidu.com/s?id=1699015054959583607&wfr=spider&for=pc，2021-05-06.

[2] 大岭山宣传办. 红色之旅系列之大岭山抗日根据地：东莞最早的抗日根据地. 东莞文明网，http://dg.wenming.cn/town/201509/t20150918_1995498.shtml，2015-09-18.

[3] 卢晶明，李晓玲. 不能遗忘的地方：走进大岭山的抗日根据地旧址. 东莞阳光网，https://news.sun0769.com/town/ms/201609/t20160907_6869462.shtml，2016-09-07.

[4] 陈光新. 大岭山抗日根据地的历史作用. 岭南文史，2005(03).

[5] 蒋幸端. 东莞大岭山：革命遗址"活"了 红色文化"亮"了. 广州日报，https://app.myzaker.com/article/60d337911bc8e0242c000319，2021-06-23.

遗迹篇之 09：
香港新界·乌蛟腾抗日英烈纪念碑

一、遗迹概述

1941年12月8日，日本军国主义者发动太平洋战争，旋即侵占香港，乌蛟腾村成为东江游击队在香港最重要的基地。游击队队员以客家人的身份与乌蛟腾村村民建立关系，建立了农民常备队和抗日自卫队，帮助村民打击土匪，进行滋扰日军的工作，活捉汉奸林通译后，在乌蛟腾村进行公审并处决。在乌蛟腾村民的配合下，游击队员先后炸毁了亚皆老街第四号铁路桥、九龙宪兵总部附近的第十二号以及深圳附近的草埔铁桥。港九大队海上游击队配合大亚湾的游击队，在大鹏湾黄竹角击败日军的海上挺进队，乌蛟腾村民也参加其中的活动。

抗日战争时期，乌蛟腾村先后有40位青少年挥别故里，义无反顾地参加游击队，先后有9位抗日志士为国为香港壮烈牺牲。他们的名字是：李世藩、李宪新、李天生、李志宏、李官盛、李伟文、王官保、王志英、李源培等。

乌蛟腾抗日英烈纪念碑是为缅怀和纪念在抗日战争中牺牲的乌蛟腾村烈士而修建的，初建于1951年10月，由抗战时期乌蛟腾村原儿童团团长、村民李汉等人筹划，旅居南洋的李源动支持，在本村比较隐蔽的一处山坡下建成，碑名为"烈士纪念碑"。1984年底，《中英联合声明》正式签署，为表达爱国、爱港、爱乡及缅怀先烈之情，英国华人社团乌蛟腾海外联谊会专门成立乌蛟腾烈士纪念碑修葺筹备委员会，在海外侨胞和香港同胞中发起筹款。1985年10月完工。2009年12月，在香港特区政府的支持下，于乌蛟腾村村口近新娘潭路重建烈士纪念园，并于2010年9月24日举行重建落成开幕仪式。建成后的纪念园，与船湾郊野公园为邻，由翠绿山林环绕。园内碑容整洁、绿树成荫、祭食丰盛，备添肃穆。园中高耸的纪念碑顶端是闪闪的五角红星，碑上刻着曾生将军手迹"抗日英烈纪念碑"，纪念碑基座横书"浩然正气"四个大字。纪念碑旁有两个矮身碑文座，用黑底金字刻录着烈士姓名，并用中英文题写碑文，记述了乌蛟腾村人可歌可泣的英雄抗日事迹。

乌蛟腾抗日英烈纪念碑

二、教学要点

1. 纪念碑的重大价值意义

乌蛟腾抗日英烈纪念碑、乌蛟腾会议和整个乌蛟腾村，凝聚了当年东江纵队乃至全香港人民在抗日战争中作出的贡献。乌蛟腾抗日英烈纪念碑是香港同胞齐心抗战的历史见证，也是香港第一座有红五星的纪念碑，弥足珍贵。乌蛟腾抗日英烈纪念碑碑文内容平实、简洁明朗，主题鲜明、意蕴深远，具有深刻的教育及启迪意义。

2015年8月13日，乌蛟腾抗日英烈纪念碑被中华人民共和国国务院列入第二批国家级抗战纪念设施、遗址名录。2019年"九一八"前夕，中国人民解放军驻香港部队部分官兵，赴乌蛟腾烈士纪念园进行瞻仰活动，官兵们高唱国歌，向抗日英烈纪念碑敬献花圈、默哀、三鞠躬。

2. 乌蛟腾村民的英雄事迹

抗战时期，乌蛟腾全村500多人，在东江纵队港九大队领导下，积极报名参加游击队，并协助做好放哨警戒、情报传递及宣传抗日等工作。面对日本侵略者的扫荡绞杀，乌蛟腾村民毫不畏惧，协助并保卫东江纵队在村旁的石水涧设立收发电台，前后隐藏了8个月，使得广东与延安保持联系。特别是1943年

2月，在乌蛟腾村附近的山坡上，召开了被称为"东江纵队五大会议"之一的"乌蛟腾会议"，对指导东江军政委员会抗日工作产生了深远影响。

由于乌蛟腾村民常与游击队联络，引起了日军的怀疑。1942年9月25日(中秋节翌日)早晨，日军出动数百兵力，包围了乌蛟腾村。全村人被赶到空地集中，然后挨家挨户去搜查，但既搜不到游击队，也搜不到枪支。日寇十分恼火，就对区役所指定为村长的李世藩进行审问。面对敌人的利诱和严刑，李世藩坚贞不屈，没供出半点情况，惨被日军火烧及拷打灌水逼害，四十多岁的李世藩，最终在押解途中牺牲。日军把另一位村长李源培拉到河边，拷打灌水，用军马践踩腹部，在李源培背上烧熟烟丝，烧得他皮开肉烂，昏了过去用水泼醒，醒了又再烧。如此轮番折磨，李源培已是奄奄一息，日寇仍然一无所获。天也快黑了，他们只得悻悻然收兵回去。两位村长的英勇事迹，激起村民同仇敌忾，乌蛟腾村至1945年抗战胜利都未被日军占领。

3. 乌蛟腾村的抗战是香港同胞抗战的一个缩影

在整整3年8个月的抗战中，香港各界同胞与祖国人民一道，同仇敌忾、携手齐心、共赴国难，为守卫家园、抗击日寇作出了重要贡献。特别是我党领导的东江纵队港九大队，一直坚守香港，带领香港同胞四处出击，参与大小战斗上百场，消灭罪恶昭彰的日本特务东亚芝及多名汉奸密探，歼敌300多人，缴获大批军用物资。先后开辟12条营救路线，秘密营救包括何香凝、柳亚子、梁漱溟、邹韬奋、茅盾等在内的800多名抗日爱国民主人士、文化名人及其家属。抗战期间，向盟军提供香港启德机场、西乡南头机场的图例及说明，营救英军被俘人员以及印度等国际友人89名，救护克尔等8名美国飞行员，涌现出了刘黑仔、方姑等一批传奇式抗日英雄。许多爱国人士充分利用香港的特殊地理优势，冒着生命危险突破日军封锁线，多次将捐献的资金、被服、药品等从香港运送到内地，有力地支援了内地军民抗战。香港同胞的英勇行动，给在黑暗中苦苦挣扎的香港同胞以极大希望和鼓舞，同时也有力地配合了全国抗战，乃至盟军在东南亚地区的对日作战。

三、延伸学习

1. 乌蛟腾会议

1943年2月，省临委和东江军政委员会为了贯彻执行中共中央南方局的指示，在九龙新界沙头角区乌蛟腾村召开会议（称"乌蛟腾会议"）。

会议学习了中共中央、南方局、周恩来的指示，认真总结东江及珠江三角洲一年来对敌斗争的成绩和经验教训，并作出如下决定：第一，统一领导两区的军政委员会及各级成立的指挥部，加强各级干部队伍建设，使各大队能起战略单位的作用；精兵简政，精简上层机关，充实下层，加强连队，改变领导方式与工作作风。第二，在全军加强政治思想教育，特别是加强阶级教育，进一步认清国民党顽固派反共反人民的反动本质，清除对国民党地方实力派的不切实际的幻想，鼓舞斗志，增强团结。第三，进一步深入敌后，发展新区，扩大部队的回旋地区，积极寻找日伪弱点，歼灭敌人，积小胜为大胜。瓦解日伪军，做长期的打算布置工作。第四，时刻警惕顽固派的军事进攻，对顽军的进攻进行针锋相对的斗争，坚持"人不犯我，我不犯人；人若犯我，我必犯人"的自卫立场，坚决反击，粉碎其进攻。第五，战斗队以精干小分队为战斗单位。加强主力部队建设，提高部队的政治素质，增强战斗力，机动灵活地打小仗，掌握时机集结力量，对孤立弱小之敌，给予歼灭性的打击。第六，加强党的建设，加强党的领导作用。干部进行整风学习，加强党性锻炼，改造干部思想意识，端正思想作风。组织干部业务教育，并加强时事政治理论教育，提高工作质量和水平，使党的组织工作和教育工作都得到进一步加强。第七，加强外围武装建设，组织游击小组，建立和发展人民抗日自卫队，派遣干部去加强领导。第八，广泛开展抗日民族统一战线工作，克服过"左"的政策，多交朋友，团结各阶层抗战力量，最大限度地孤立国民党顽固派。第九，经济财政工作，从长期打算，坚持自力更生的方针，厉行节约，开源节流，尽可能进行生产事业。第十，建立和加强保卫组织，粉碎日伪顽军密探的内线暗杀阴谋，正确执行中共中央的锄奸政策。

乌蛟腾会议是广东人民抗日游击战争的历史进程中，克服困难，扭转被动，走向主动的重要会议。它使广东人民抗日游击总队的干部在思想上彻底消除了对广东国民党顽固派尚残存的幻想，确定了坚决进行反顽斗争和积极主动打击日伪军的方针，为打开东江和珠江三角洲地区敌后抗日游击战争的新局面奠定了坚实的思想基础，为以后的发展准备了条件。

2. 乌蛟腾抗日英烈纪念碑碑文

1942年12月8日，日本法西斯发动太平洋战争，港九新界沦为日本侵略者的占领区，新界人民发扬抗暴斗争的历史传统，在东江人民抗日游击队的领导下，同日本法西斯展开了可歌可泣的斗争。在3年8个月的时间里，日本侵略者对乌蛟腾及其周围村庄发动了大小扫荡十余次。1942年9月25日（农历八月十六日），日本侵略者在拂晓包围乌蛟腾村，强迫群众交出自卫武器和供出游击队员，村长李世藩、李源培挺身而出，不怕灌水，不怕火烧，不怕军马践踏，坚贞不屈，李世藩壮烈牺牲！日本法西斯的残暴统治，激起了广大群众的民族仇恨，成千上万的热血青年男女，爱国爱乡，纷纷参加港九人民抗日游击队，英勇杀敌。乌蛟腾村有李世藩、李宪新、李天生、李志宏、李官盛、李伟文、王官保、王志英、李源培等，献出了自己宝贵的生命。日本法西斯终于在1945年8月14日宣布无条件投降，反法西斯战争胜利了，英雄烈士们的光辉业绩同港九新界的山山水水一样，万古长存！人民英雄永垂不朽！

四、参考资料

[1] 乌蛟腾抗日烈士纪念碑背后的故事.共青团中央微博，2019-09-17.

[2] 乌蛟腾抗日英烈纪念碑.百度百科，https://baike.baidu.com/item/%E4%B9%8C%E8%9B%9F%E8%85%BE%E6%8A%97%E6%97%A5%E8%8B%B1%E7%83%88%E7%BA%AA%E5%BF%B5%E7%A2%91/18510000?fr=aladdin.

[3] 仇兴平.乌蛟腾抗日英烈纪念碑：香港同胞齐心抗战的历史见证.学习时报，http://dangshi.people.com.cn/n1/2019/0927/c85037-31375834.html，2019-09-27.

[4] 东江纵队助爱国人士脱虎口 港沦陷期抗日故事多.光明日报，https://www.chinanews.com.cn/ga/2013/08-16/5168800.shtml，2013-08-16.

[5] 本书编辑委员会.东江纵队志（第1版）[M].北京：解放军出版社，2003.

遗迹篇之 10：
深圳沙鱼涌·东江纵队北撤纪念公园

一、遗迹概述

1945年8月15日，侵华日军正式宣布投降。抗日战争胜利后，国内政治形势发生了巨大变化，中国人民越来越迫切地渴求和平，迫切地要求建立一个民主独立的新中国。当年的10月10日，国共双方代表在重庆经过谈判，签订了著名的《双十协定》。中共为了表示诚意，在不损害人民基本利益的前提下，决定在解放区政权和人民军队的问题上让步，同意把广东、浙江等8个解放区的部队撤退到苏北、皖北以及陇海路以北地区。于是，在抗日烽火中诞生的东江纵队，就成为了《双十协定》中北撤部队的重要一支。

1946年6月，东江纵队包括珠江、韩江纵队，广东、广东南路人民抗日解放军部分骨干2500余人，在曾生、王作尧、林锵云、杨康华为首的北撤部队军政委员会的统一指挥下，在大鹏半岛的沙鱼涌登上美军三艘登陆舰北撤，7月5日抵达山东烟台。

为纪念东纵主力北撤山东这一历史事件，1985年原宝安县人民政府在沙鱼涌原址建亭立碑。2011年6月30日，在东江纵队北撤65周年纪念日当天，位于沙鱼涌原址的东纵北撤纪念公园正式揭牌。如今，东江纵队北撤纪念公园是深圳市政府重点文物保护单位和爱国主义教育基地，每年吸引许多市民前来参观学习。

二、教学要点

1. 东江纵队北撤的谈判

与中共的诚恳形成鲜明对比的是，国民党当局"假和谈真内战"的阴谋让人民群众心寒不已。在广东，国民党当局公然制造舆论，矢口否认广东有中共领导的抗日武装存在，宣称广东只有零星的"土匪"，妄图打着"剿匪"旗号，消灭在抗战中成长起来的人民军队。

1946年3月17日，重庆"三人小组"（由中共代表周恩来、国民党政府代表张治中、美国政府代表马歇尔组成）在重庆怡园开会，经过几十天的谈判，国民党承认广东中共武装力量的存在，并由重庆"三人小组"签订了广东问题的停战协议。接着，重庆"三人小组"派出由美国代表柯夷、国民党代表皮宗阙、中共代表廖承志组成的三人会议代表团，于3月30日抵达广州，会同军调部第八执行小组与国民党广东当局谈判解决华南抗日纵队北撤问题。4月2日，双方最终达成了北撤协定。

2. 东江纵队北撤的重要意义

在国民党军队的重重包围中，东江纵队能够全身而退，既有党中央的英明领导，也与东纵领导层在谈判桌上与敌人苦心周旋密不可分。东江纵队北撤任务的胜利完成，不但为中国人民保存了一支久经考验的革命力量，从而增强了解放战争时期人民军队与国民党军队进行决战的力量，而且也为中国共产党在政治上赢得了主动。北撤的东江纵队在解放战争期间扩充为两个纵队，参加了豫东、淮海、济南等重要战役，为中国人民的解放作出了巨大贡献。

3. 为解放广东全境作出了重大贡献

东江纵队留在广东坚持斗争的人员和复员战士在国共内战全面爆发后，重新拿起武器参加解放战争。在方方、尹林平的领导下，广东各地人民武装先后发展成为粤赣湘边、闽粤赣边、桂滇黔边等多个纵队，其中粤赣湘边纵队是以原东江纵队留下的武装骨干发展而成并于1949年1月成立的。1949年9月，南下的两广纵队和粤赣湘边纵队在粤赣边胜利会师，配合第二野战军四兵团和第四野战军十五兵团，为解放广东全境作出了重大贡献。

三、延伸学习

1. 东江纵队北撤纪念亭

东江纵队北撤纪念亭位于深圳市龙岗区葵涌镇沙鱼涌海滩，距大鹏镇5公里。纪念亭是钢筋水泥结构的仿古建筑。亭内树大理石碑一块，高2米，碑的正、背两面均刻有碑文。纪念亭外侧海滩临海礁石上另有一亭，有曲桥与岸相连，亭侧一磐石上立大碑牌一块，上镌"一九四六年六月三十日，人民抗日游击队东江纵队及各江武装部队，为了坚持国内和平，从此登船北撤山东。曾生题，宝安县人民政府立于一九八五年九月"字样。

2. 东江纵队北撤纪念公园陈列馆

2011年6月30日，在东江纵队北撤65周年纪念日当天，位于沙鱼涌原址的东纵北撤纪念公园正式揭牌。在纪念公园门前，右边横立着一座石墙，刻有国防部原部长迟浩田手书的"东江纵队北撤纪念公园"大字，旁边竖着一幅巨大石刻照片——东纵部队北撤摄影画像。2016年6月30日，在东江纵队北撤70周年纪念日当天，位于沙鱼涌的东纵北撤纪念公园陈列馆正式揭牌。该馆采用先进的3D投影视频滚动播放东纵故事，展出东江纵队革命先烈事迹及作战实物。

3. 广东省"建党百年百条精品红色旅游线路"

2021年，广东省文化和旅游厅公布了10条广东省"建党百年百条精品红色旅游线路"。其中有一条串联深圳、东莞、惠州、河源四地红色革命史迹遗址的东纵抗战3日游径路线。

第1日：深圳（东江纵队纪念馆、《前进》报社旧址、曾生故居—中国文化名人大营救纪念馆—东宝行政督导处旧址）

第2日：东莞（大岭山抗日根据地旧址—广东东江纵队纪念馆）—惠州（博罗县东江纵队纪念馆—东湖旅店—惠宝人民抗日游击总队成立旧址）

第3日：河源（茶壶耳屋—香港文化名人大营救指挥部旧址—九连小延安）

线路特色：重点突出深圳、东莞、惠州、河源作为抗日战争时期东江纵队的主要活动地，串联四个城市的东纵抗战旧址、纪念设施、红色革命史迹遗址等历史文化资源，打造成为一条可观、可游和可研的东纵抗战游径路线。

四、参考资料

[1] 东江纵队北撤纪念公园. 百度百科, https://baike.baidu.com/item/%E4%B8%9C%E6%B1%9F%E7%BA%B5%E9%98%9F%E5%8C%97%E6%92%A4%E7%BA%AA%E5%BF%B5%E5%85%AC%E5%9B%AD/56012997?fr=aladdin.

[2] 深圳红色印记：东江纵队北撤纪念公园. 晶报, https://baijiahao.baidu.com/s?id=1695350037911771399&wfr=spider&for=pc，2021-03-27.

[3] 东江纵队北撤纪念亭. 深圳记忆, http://yun.szlib.org.cn/szmem/ancient/view/id-122.html，2017-12-15.

04

精神篇

2014年，在纪念中国人民抗日战争暨世界反法西斯战争胜利69周年座谈会上，习近平引用屈原名句赞颂了铁骨铮铮为国献身的革命先烈："诚既勇兮又以武，终刚强兮不可凌。身既死兮神以灵，魂魄毅兮为鬼雄。"2021年6月，习近平在"七一勋章"颁授仪式上指出："七一勋章"获得者都来自人民、植根人民，是立足本职、默默奉献的平凡英雄。他们的事迹可学可做，他们的精神可追可及。

东江纵队在中国共产党的领导下，紧紧依靠人民群众，在华南战场上狠狠地打击敌人，用鲜血铸就了伟大的抗战精神，用鲜血凝聚了伟大的东纵精神。精神篇综合专家学者多角度的阐述，将东江纵队精神概括为六个方面。在案例教学中，要结合所选取的英雄人物、历史事件，着重阐发其背后所蕴含的精神内核和精神实质；要采取座谈会、讨论会、演讲比赛、作文比赛等灵活多样的方式方法，引导学生将弘扬东纵精神与自己的学习生活结合起来，为实现中华民族伟大复兴而矢志奋斗。

精神篇之01：
报国为民、矢志不移的爱国主义精神

一、精神概述

当祖国和民族处在亡国灭种的生死关头，东江纵队中许多共产党员、进步青年和华人华侨舍弃优裕的生活，不贪图高官厚禄、名利地位，而是慷慨悲歌，共赴国难，一心救国。曾生为培养海员子弟，说服母亲把变卖田产所得500元，创办"海华学校"。后来，全部教员和部分学生都先后回东江参加抗日武装斗争。东纵民运队长张贯一把结婚戒指拿出来作本钱办榨油厂，帮助群众生产度荒。像这样无私拿出自己的钱财支援部队的事例不胜枚举。部队的指战员在日伪顽的夹击中艰苦转战，风餐露宿，挨饥受冷，挖野菜度日，但都不能消磨他们报效祖国的决心和意志。他们拿起简单的武器与拥有现代化武器装备的敌军作殊死搏斗，他们冲锋在前，英勇奋战，前仆后继，直到流尽最后一滴血。如黄友率全班战士，为掩护部队转移，与数百敌军血战，全部壮烈牺牲。在敌人的牢狱和刑场上，先烈们坚贞不屈，不怕威逼利诱、严刑拷打，坚持民族气节和坚守党的秘密。如港九大队女中队长方兰年迈的母亲冯芝在香港当义务交通员，为掩护同志挺身而出，牺牲在日军的牢笼中。又如新丰县工委书记后调入东纵的陈宜广，不幸被日军俘获，他拒不投降，最后高呼"打倒日本帝国主义！""中国共产党万岁！"等口号，倒在敌人的屠刀下。在长达八年的艰苦抗战中，东纵牺牲指战员2500多人，涌现出许多可歌可泣的事迹。这些事迹无不闪耀着报国为民、矢志不移的爱国主义光芒！

二、教学要点
1. 爱国主义是对祖国的深厚感情
爱国主义是千百年来人们在社会实践中形成的对自己的祖国极其忠诚和

热爱的深厚感情。

爱国主义揭示了个人对祖国的依存关系，是人们对自己的家园以及民族和文化的归属感、认同感、尊严感与荣誉感的统一。集中表现为民族自尊心和民族自信心，为保卫祖国和争取祖国的独立富强而献身的奋斗精神。

爱国主义不仅体现在政治、法律、道德、艺术、宗教等各种意识形态和整个上层建筑之中，而且渗透到社会生活各个方面，成为影响民族和国家命运的重要因素。

2. 中华民族从来就有爱国主义的光荣传统

爱国主义是中华民族的民族心、民族魂，是中华民族最重要的精神财富，是中国人民和中华民族维护民族独立和民族尊严的强大精神动力。爱国主义精神深深植根于中华民族心中，维系着中华大地上各个民族的团结统一，激励着一代又一代中华儿女为祖国发展繁荣而自强不息、不懈奋斗。中国人很早就有以天下兴亡、人民安康为己任的家国情怀，很早就有"热爱祖国，矢志不渝"、"天下兴亡，匹夫有责"、"维护统一，反对分裂"、"同仇敌忾，抗御外侮"的优良传统。在五千多年的历史发展中，中华民族形成了以爱国主义为核心的民族精神。一部中华民族的发展史，就是一部中华儿女的爱国奋斗史。

在中国历史上，有"美不美，故乡水；亲不亲，故乡人"这样情系故土的朴实古语，也有"遥望中原怀故土，静观落叶总归根"这样心怀祖国、寄情桑梓的深情诗句；有"乐以天下，忧以天下"的忧国忧民情怀，也有"公而忘私、国而忘家"的报国为民风范；有为国家振兴、民族腾飞贡献毕生精力的志士仁人，也有"一身报国有万死"、"苟利社稷，死生以之"的民族英雄，如英勇抗击匈奴的卫青、霍去病，精忠报国的岳飞，抗击倭寇的戚继光，收复台湾的郑成功，等等。

特别是在近现代的历史上，当中国遭到帝国主义列强的疯狂侵略，出现了亡国灭种的危机时，中华儿女的爱国主义精神更是越加激发而不可动摇，越发显示出它的战斗锋芒和精神力量。从孙中山、黄兴、何子渊、邹容、秋瑾等资产阶级革命家，到李大钊、毛泽东、周恩来、刘少奇、朱德、彭德怀、董必武等无产阶级革命家，都继承了中华民族"以天下为己任"的爱国主义优良传统，将振兴中华的责任置于肩上。

3. 中国共产党是爱国主义精神最坚定的弘扬者和实践者

一百多年来，中国共产党团结带领全国各族人民进行的革命、建设、改革实践是爱国主义的伟大实践，写下了中华民族爱国主义精神的辉煌篇章。党的十八大以来，以习近平同志为核心的党中央高度重视爱国主义教育，固本培元、凝心铸魂，作出一系列重要部署，推动爱国主义教育取得显著成效。

2017年10月18日，习近平同志在十九大报告中指出："加强思想道德建设。人民有信仰，国家有力量，民族有希望。要提高人民思想觉悟、道德水准、文明素养，提高全社会文明程度。广泛开展理想信念教育，深化中国特色社会主义和中国梦宣传教育，弘扬民族精神和时代精神，加强爱国主义、集体主义、社会主义教育，引导人们树立正确的历史观、民族观、国家观、文化观。"

4. 爱国主义的基本要求

爱国主义是中华民族继往开来的精神支柱，是维护祖国统一和民族团结的纽带，是实现中华民族伟大复兴的动力，是个人实现人生价值的力量源泉。

虽然爱国主义随着社会经济生活条件的发展和变化，在不同历史时期和不同的阶级有着不同的具体内容，但爱国主义的基本要求始终是：爱祖国的大好河山，爱自己的骨肉同胞，爱祖国的灿烂文化，爱自己的国家。

5. 新时代要加强爱国主义教育

中国特色社会主义进入新时代，中华民族伟大复兴正处于关键时期。新时代加强爱国主义教育，对于振奋民族精神、凝聚全民族力量，决胜全面建成小康社会，夺取新时代中国特色社会主义伟大胜利，实现中华民族伟大复兴的中国梦，具有重大而深远的意义。

新时代的爱国主义，必须坚持爱国主义和社会主义相统一。爱国主义始终围绕着实现民族富强、人民幸福而发展，最终汇流于中国特色社会主义。祖国的命运和党的命运、社会主义的命运是密不可分的。只有坚持爱国和爱中国共产党、爱社会主义相统一，爱国主义才是鲜活的、真实的，这是当代中国爱国主义精神最重要的体现。习近平总书记还指出："今天之中国，同新中国成立以前之中国相比，同鸦片战争以后之中国相比，有天壤之别啊！"为什么会有天壤之别？就是因为在中国共产党的领导下，我们走出了一条具有强大生命力的中国特色社会主义道路。

　　新时代的爱国主义，必须把维护祖国统一和民族团结作为重要着力点和落脚点。维护和推进祖国统一，是中华民族走向伟大复兴的题中应有之义。多民族是我国的一大特色，也是我国发展的一大有利因素。各民族共同开发了祖国的锦绣河山、广袤疆域，共同创造了悠久的中国历史、灿烂的中华优秀传统文化，造就了我国各民族在分布上的交错杂居、文化上的兼收并蓄、经济上的相互依存、情感上的相互亲近，形成了你中有我、我中有你、谁也离不开谁的多元一体格局。新时代弘扬爱国主义精神，就要自觉维护全国各族人民大团结的政治局面，不断增强对伟大祖国、中华民族、中华优秀传统文化、中国共产党、中国特色社会主义的认同，坚决维护国家主权、安全、发展利益，筑牢国家统一、民族团结、社会稳定的铜墙铁壁。

　　对祖国悠久历史、深厚文化的理解和接受，是人们爱国主义情感培育和发展的重要条件，这是爱国主义和中国文化之间的内在联系，也是新时代爱国主义生根发芽的"滋养液"。我们必须尊重和传承中华民族历史和文化，以时代精神激活中华优秀传统文化的生命力，延续文化基因，萃取思想精华，推进中华优秀传统文化创造性转化和创新性发展，在传承与创新中树立和坚持正确的历史观、民族观、国家观、文化观，增强做中国人的骨气和底气。

　　新时代背景下的爱国，要求我们正确处理好立足民族与面向世界的辩证统一关系，在经济全球化的条件下，国家仍然是民族存在的最高组织形式，是国际社会活动中的独立主体。在参与经济全球化的过程中，我们一定要保持清醒的认识，既充分利用经济全球化所提供的机遇发展自己，又坚决维护国家的主权和尊严，按照本国国情坚持、发展自己的政治制度和民族文化，我们不伤害别国的情感，但也不许别国伤害我们的国家。

三、延伸学习

1. 中外名人谈爱国主义

　　奥斯特洛夫斯基："要永远觉得祖国的土地是稳固地在你脚下，要与集体一起生活，要记住，是集体教育了你。哪一天你若和集体脱离，那便是末路的开始。"

　　裴多菲："我是你的，我的祖国！都是你的，我的这心、这灵魂；假如我不爱你，我的祖国，我能爱哪一个人？""纵使世界给我珍宝和荣誉，我也不愿离开我的祖国。因为纵使我的祖国在耻辱之中，我还是喜欢、热爱、祝福我的祖国。"

阿·托尔斯泰："只有热爱祖国，痛心祖国所受的严重苦难，憎恨敌人，这才给了我们参加斗争和取得胜利的力量。"

拜伦："凡是不爱自己国家的人，什么都不会爱。"

林肯："黄金诚然是宝贵的，但是生气勃勃、勇敢的爱国者却比黄金更宝贵。"

拿破仑："最高的道德是什么？那就是爱国心""爱国是文明人的首要美德"。

列宁："爱国主义就是千百年来固定下来的对自己祖国的一种最深厚的感情。"

大仲马："为祖国而死，那是最美的命运啊！"

别林斯基："谁不属于自己的祖国，那么他也就不属于人类。"

肖邦："爱祖国高于一切。"

歌德："我们为祖国服务，也不能都采用同一方式，每个人应该按照资禀，各尽所能。"

居里夫人："我们波兰人，当国家遭到奴役的时候，是无权离开自己的祖国的。"

林则徐："苟利国家生死以，岂因祸福避趋之。"

周恩来："为中华之崛起而读书""大江歌罢掉头东，邃密群科济世穷。面壁十年图破壁，难酬蹈海亦英雄"。

赵博生："我死国生，我死犹荣，身虽死精神长生，成功成仁，实现大同。"

陈辉："英雄非无泪，不洒敌人前。男儿七尺躯，愿为祖国捐。"

陈毅："祖国如有难，汝应作前锋。"

徐特立："人民不仅有权爱国，而且爱国是个义务，是一种光荣。"

胡适："争你们个人的自由，便是为国家争自由！争你们自己的人格，便是为国家争人格！自由平等的国家不是一群奴才建造起来的！"

陶行知："国家是大家的，爱国是每个人的本分。"

吉鸿昌："归来报命日，恢复我神州。"

钱伟长："为了中华民族的繁荣富强，我要献出全部学识智慧。"

艾青："为什么我的眼里常含泪水？因为我对这土地爱得深沉。"

鲁迅："我们自古以来，就有埋头苦干的人，有拼命硬干的人，有为民请命的人，有舍身求法的人，这就是中国的脊梁。"

李四光："我是炎黄子孙，理所当然地要把学到的知识全部奉献给我亲爱的祖国。"

陈嘉庚："轻金钱，重义务，诚信果毅，嫉恶好善，爱乡爱国。"

杨靖宇："国既不国，家何能存！"

苏步青："爱祖国，为祖国的前途而奋斗，是时代赋予我们的神圣职责。"

2.《新时代爱国主义教育实施纲要》基本内容

坚持用习近平新时代中国特色社会主义思想武装全党、教育人民。习近平新时代中国特色社会主义思想是马克思主义中国化最新成果，是党和人民实践经验和集体智慧的结晶，是中国特色社会主义理论体系的重要组成部分，是全党全国人民为实现中华民族伟大复兴而奋斗的行动指南，必须长期坚持并不断发展。要深刻理解习近平新时代中国特色社会主义思想的核心要义、精神实质、丰富内涵、实践要求，不断增强干部群众的政治意识、大局意识、核心意识、看齐意识，坚决维护习近平总书记党中央的核心、全党的核心地位，坚决维护党中央权威和集中统一领导。要紧密结合人们生产生活实际，推动习近平新时代中国特色社会主义思想进企业、进农村、进机关、进校园、进社区、进军营、进网络，真正使党的创新理论落地生根、开花结果。要在知行合一、学以致用上下功夫，引导干部群众坚持以习近平新时代中国特色社会主义思想为指导，展现新气象、激发新作为，把学习教育成果转化为爱国报国的实际行动。

深入开展中国特色社会主义和中国梦教育。中国特色社会主义集中体现着国家、民族、人民的根本利益。要高举中国特色社会主义伟大旗帜，广泛开展理想信念教育，用党领导人民进行伟大社会革命的成果说话，用改革开放以来社会主义现代化建设的伟大成就说话，用新时代坚持和发展中国特色社会主义的生动实践说话，用中国特色社会主义制度的优势说话，在历史与现实、国际与国内的对比中，引导人们深刻认识中国共产党为什么"能"、马克思主义为什么"行"、中国特色社会主义为什么"好"，牢记红色政权是从哪里来的、新中国是怎么建立起来的，倍加珍惜我们党开创的中国特色社会主义，不断增强道路自信、理论自信、制度自信、文化自信。要深入开展中国梦教育，引导人们深刻认识中国梦是国家的梦、民族的梦，也是每个中国人的梦，深刻认识中华民族伟大复兴绝不是轻轻松松、敲锣打鼓就能实现的，要付出更为艰巨、更为艰苦的努力，争做新时代的奋斗者、追梦人。

深入开展国情教育和形势政策教育。要深入开展国情教育，帮助人们了解我国发展新的历史方位、社会主要矛盾的变化，引导人们深刻认识到，我国仍处于并将长期处于社会主义初级阶段的基本国情没有变，我国是世界上最大的发展中国家的国际地位没有变，始终准确把握基本国情，既不落后于时代，也不脱离实际、超越阶段。要深入开展形势政策教育，帮助人们树立正确的历史观、大局观、角色观，了解世界正经历百年未有之大变局，我国仍处于发展的重要战略机遇期，引导人们清醒地认识国际国内形势发展变化，做好我们自己的事情。要发扬斗争精神，增强斗争本领，引导人们充分认识伟大斗争的长期性、复杂性、艰巨性，敢于直面风险挑战，以坚忍不拔的意志和无私无畏的勇气战胜前进道路上的一切艰难险阻，在进行伟大斗争中更好弘扬爱国主义精神。

大力弘扬民族精神和时代精神。以爱国主义为核心的民族精神和以改革创新为核心的时代精神，是凝心聚力的兴国之魂、强国之魂。要聚焦培养担当民族复兴大任的时代新人，培育和践行社会主义核心价值观，广泛开展爱国主义、集体主义、社会主义教育，提高人们的思想觉悟、道德水准和文明素养。要唱响人民赞歌、展现人民风貌，大力弘扬中国人民在长期奋斗中形成的伟大创造精神、伟大奋斗精神、伟大团结精神、伟大梦想精神，生动展示人民群众在新时代的新实践、新业绩、新作为。

广泛开展党史、国史、改革开放史教育。历史是最好的教科书，也是最好的清醒剂。要结合中华民族从站起来、富起来到强起来的伟大飞跃，引导人们深刻认识历史和人民选择中国共产党、选择马克思主义、选择社会主义道路、选择改革开放的历史必然性，深刻认识我们国家和民族从哪里来、到哪里去，坚决反对历史虚无主义。要继承革命传统，弘扬革命精神，传承红色基因，结合新的时代特点赋予新的内涵，使之转化为激励人民群众进行伟大斗争的强大动力。要加强改革开放教育，引导人们深刻认识改革开放是党和人民大踏步赶上时代的重要法宝，是坚持和发展中国特色社会主义的必由之路，是决定当代中国命运的关键一招，也是决定实现"两个一百年"奋斗目标、实现中华民族伟大复兴的关键一招，凝聚起将改革开放进行到底的强大力量。

传承和弘扬中华优秀传统文化。对祖国悠久历史、深厚文化的理解和接受，是爱国主义情感培育和发展的重要条件。要引导人们了解中华民族的悠久历史和灿烂文化，从历史中汲取营养和智慧，自觉延续文化基因，增强民族自尊心、自信心和自豪感。要坚持古为今用、推陈出新，不忘本来、辩证取舍，深入实施中华优秀传统文化传承发展工程，推动中华文化创造性转化、创新性发展。要坚守正道、弘扬大道，反对文化虚无主义，引导人们树立和坚持正确的历史观、民族观、国家观、文化观，不断增强中华民族的归属感、认同感、尊严感、荣誉感。

强化祖国统一和民族团结进步教育。实现祖国统一、维护民族团结，是中华民族的不懈追求。要加强祖国统一教育，深刻揭示维护国家主权和领土完整、实现祖国完全统一是大势所趋、大义所在、民心所向，增进广大同胞心灵契合、互信认同，与分裂祖国的言行开展坚决斗争，引导全体中华儿女为实现民族伟大复兴、推进祖国和平统一而共同奋斗。深化民族团结进步教育，铸牢中华民族共同体意识，加强各民族交往交流交融，引导各族群众牢固树立"三个离不开"思想，不断增强"五个认同"，使各民族同呼吸、共命运、心连心的光荣传统代代相传。

加强国家安全教育和国防教育。国家安全是安邦定国的重要基石。要加强国家安全教育，深入学习宣传总体国家安全观，增强全党全国人民国家安全意识，自觉维护政治安全、国土安全、经济安全、社会安全、网络安全和外部安全。要加强国防教育，增强全民国防观念，使关心国防、热爱国防、建设国防、保卫国防成为全社会的思想共识和自觉行动。要深入开展增强忧患意识、防范化解重大风险的宣传教育，引导广大干部群众强化风险意识，科学辨识风险、有效应对风险，做到居安思危、防患未然。

四、参考资料

[1] 郑群.东江纵队的特点及其精神［J］.广东党史，2005（04）.

[2] 沈壮海等.思想道德与法治（第1版）［M］.北京：高等教育出版社，2021.

[3] 百度百科.爱国主义精神.https://baike.baidu.com/item/%E7%88%B1%E5%9B%BD%E4%B8%BB%E4%B9%89%E7%B2%BE%E7%A5%9E/7284533?fr=aladdin.

[4] 中共中央、国务院.新时代爱国主义教育实施纲要.新华社，2019-11-15.

精神篇之02:
百折不挠、一往无前的艰苦奋斗精神

一、精神概述

十年内战期间,广东党组织屡遭国民党反动派破坏和镇压,一度中断活动,东江、琼崖革命根据地和红军几乎损失殆尽。直至1936年,广东党组织才得以恢复和重建。1937年7月,日本帝国主义发动全面侵华战争。1938年10月21日侵占广州。广州沦陷前后,广东党组织先后派曾生、王作尧、黄木芬、阮海天等共产党员,到惠阳、东莞、增城、宝安等地组织抗日武装。王作尧在东莞组织了100多人的游击队,到县政府仅领到40多支残旧生锈的步枪,每支枪只配15发子弹。曾生从香港带回共产党员、青年学生、进步工人100多人,他们中不仅大部分人没有武器,而且也没有作战经验,有的人连枪都未打过。

东江纵队成立后,百折不挠、一往无前,广泛开展游击战争,先后粉碎敌军"万人扫荡""铁壁合围"等多次进攻,扩大游击根据地,至抗战胜利,部队发展至1.1万多人,组织民兵1.2万余人。他们转战东江两岸,挺进港九敌后、粤北山区和韩江地区的39个县市,威胁着敌占大城市广州和香港,建立根据地、游击区总面积6万余平方公里,人口450万以上,对日伪军作战1400多次,毙伤日、伪军6000多人,俘虏、投诚3500余人,反击顽军作战600余次,共缴获各种武器6500多件,配合全国抗日战场和盟军的反攻作战,为抗日战争胜利作出积极贡献。东纵队员为什么能在远离党中央,远离八路军、新四军主力,在华南敌后艰苦复杂的环境中,坚持独立自主的游击战争,从无到有,从小到大,从弱到强,逐步发展成为一支抗日劲旅?靠的就是百折不挠、一往无前的艰苦奋斗精神。

二、教学要点

1.缺吃缺穿缺武器的东江纵队

东莞籍的东江纵队老战士叶发，13岁加入部队，跟随部队打日军、伪军、国民党反动派，战时腿部不幸中弹，落下七级残疾，弹片至今仍无法取出。晚年他在接受采访时回忆道："由于敌我力量悬殊，游击队常常夜里行军，翻山越岭，一晚要走几十里山路。潮湿的环境让战士皮肤都长了厚厚的湿疹，因为瞌睡，自己常常跌落山涧、田间……缺吃缺穿缺武器不足为奇，断胳膊少腿也是常态。国家有难，匹夫有责……我们只能死中求生，紧跟共产党，把日本人赶出中国！"在他们身上，我们看到了百折不挠、一往无前的艰苦奋斗精神。

2.发扬艰苦奋斗精神

艰苦奋斗是一种不怕艰难困苦、英勇顽强去战胜困难的斗争精神，是一种百折不挠、奋发图强的创业精神。

艰苦奋斗是中华民族的传统美德，中华民族向来以特别能吃苦耐劳、特别能自强不息、特别能勤俭持家著称于世。几千年来，正是依靠这种艰苦奋斗精神，中华民族才能历经沧桑而不衰、历经磨难而不垮，巍然屹立于世界民族之林。

艰苦奋斗是中国共产党的一大优良传统，是中国共产党保持同人民群众密切联系的一个法宝。中国共产党为争取民族独立和人民解放的斗争史，就是一部艰苦奋斗的创业史。中国共产党带领人民实现从站起来、富起来到强起来的创业史，就是一部艰苦奋斗的斗争史。

艰苦奋斗精神不是某个时代特有的精神，而是成就事业必不可少的精神力量和崇高美德。要实现第二个百年的奋斗目标，把我国建设成为富强民主文明和谐美丽的社会主义现代化强国，我们必须始终保持谦虚谨慎作风，必须始终发扬艰苦奋斗的精神。邓小平告诫我们："国家越发展，越要抓艰苦创业"，"在艰难困苦的时候需要艰苦奋斗，在物质条件优越的时候也需要艰苦奋斗"。习近平同志也一再强调："不论我们国家发展到什么水平，不论人民生活改善到什么地步，艰苦奋斗、勤俭节约的思想永远不能丢。艰苦奋斗、勤俭节约，不仅是我们一路走来、发展壮大的重要保证，也是我们继往开来、再创辉煌的重要保证。"

三、延伸学习

1. 艰苦奋斗是中国共产党的政治本色和优良传统

2015年2月15日，习近平在陕西考察工作结束时发表讲话指出："延安是革命圣地。延安时期是我们党领导的中国革命事业从低潮走向高潮、实现历史性转折的时期。老一辈革命家和老一代共产党人在延安时期留下的优良传统和作风，培育形成的以坚定正确的政治方向、解放思想实事求是的思想路线、全心全意为人民服务的根本宗旨、自力更生艰苦奋斗的创业精神为主要内容的延安精神，是我们党的宝贵精神财富。"

2016年2月3日，习近平在江西考察工作结束时的讲话中强调："艰苦奋斗是我们党的政治本色和优良传统，也是井冈山精神的基石。当年，井冈山条件十分艰苦，国民党军队反复进攻和严密封锁，军民面临的处境极为困难。就是在这样的条件下，我们党领导人民不畏强敌、不畏艰难，开辟了第一个农村革命根据地，取得了多次反'进剿'、反'会剿'的胜利。现在，我们国家面貌和人民生活发生了翻天覆地的变化，但艰苦奋斗精神永远不能丢，丢了就会腐化堕落。"

2019年5月22日，习近平在江西考察工作结束时的讲话中进一步指出："艰苦奋斗是我们党的政治本色和优良传统。中央苏区时期，中央机关领导'每天节约二两米，使前方红军吃饱饭，好打胜仗'，群众传唱'苏区干部好作风，自带干粮去办公；日着草鞋干革命，夜走山路访贫农'，生动体现了共产党人的优良作风和艰苦奋斗精神。按照规定夜晚办公可点三根灯芯，可毛泽东同志带头勤俭节约，只点一根灯芯，在昏暗的油灯下写出《中国的红色政权为什么能够存在?》《井冈山的斗争》等光辉著作。朱德同志同普通战士一起踏着崎岖山道挑粮上山，没有半点军长的架子。中央主力红军长征后，留守的红军将士浴血奋斗，进行了三年艰苦卓绝的游击战争。陈毅同志在《梅岭三章》中写道'此去泉台招旧部，旌旗十万斩阎罗'，这是何等豪迈的奋斗精神！我们要继承苏区干部的好作风，在任何时期，面对任何挑战，都要敢于斗争、善于斗争，坚决顶起自己该顶的那片天。"

2. 艰苦奋斗的优良传统不能丢

2016年2月1日至3日，习近平赴江西看望慰问广大干部群众时强调："每一名党员、干部特别是各级领导干部，都要把理想信念作为照亮前路的灯、把准航向的舵，转化为对奋斗目标的执着追求、对本职工作的不懈进取、对高尚情操的笃定坚持、对艰难险阻的勇于担当；都要一切从实际出发，解放思想、开拓进取，善于用改革的思路和办法解决前进中的各种问题；都要保持艰苦奋斗本色，不丢勤俭节约的传统美德，不丢廉洁奉公的高尚操守，逢事想在前面、干在实处，关键时刻坚决顶起自己该顶的那片天；都要认真践行党的宗旨，努力提高宣传群众、组织群众、服务群众的能力和水平。"

2019年3月5日，习近平参加十三届全国人大二次会议内蒙古代表团审议时强调："过去我们党靠艰苦奋斗、勤俭节约不断成就伟业，现在我们仍然要用这样的思想来指导工作。吃不穷、穿不穷，计划不到一世穷。党和政府带头过紧日子，目的是为老百姓过好日子，这是我们党的宗旨和性质所决定的。不论我们国家发展到什么水平，不论人民生活改善到什么地步，艰苦奋斗、勤俭节约的思想永远不能丢。艰苦奋斗、勤俭节约，不仅是我们一路走来、发展壮大的重要保证，也是我们继往开来、再创辉煌的重要保证。"

2021年3月1日，习近平在2021年春季学期中央党校（国家行政学院）中青年干部培训班开班仪式上发表重要讲话时再次强调："节俭朴素，力戒奢靡，是我们党的传家宝。现在，我们生活条件好了，但艰苦奋斗的精神一点都不能少，必须坚持以俭修身、以俭兴业，坚持厉行节约、勤俭办一切事情。"

3. 社会主义是干出来的，新时代是奋斗出来的

2019年4月30日，习近平在纪念五四运动100周年大会上发表重要讲话时指出："今天，我们的生活条件好了，但奋斗精神一点都不能少，中国青年永久奋斗的好传统一点都不能丢。在实现中华民族伟大复兴的新征程上，必然会有艰巨繁重的任务，必然会有艰难险阻甚至惊涛骇浪，特别需要我们发扬艰苦奋斗精神。奋斗不只是响亮的口号，而是要在做好每一件小事、完成每一项任务、履行每一项职责中见精神。奋斗的道路不会一帆风顺，往往荆棘丛生、充满坎坷。强者，总是从挫折中不断奋起、永不气馁。"

2020年11月24日，习近平在全国劳动模范和先进工作者表彰大会上的讲话中强调："社会主义是干出来的，新时代是奋斗出来的。这次受到表彰的全国劳动模范和先进工作者，是千千万万奋斗在各行各业劳动群众中的杰出代表。他们在平凡的岗位上创造了不平凡的业绩，以实际行动诠释了中国人民具有的伟大创造精神、伟大奋斗精神、伟大团结精神、伟大梦想精神。希望大家珍惜荣誉、保持本色，谦虚谨慎、戒骄戒躁，继续发挥示范带头作用。"

2021年2月20日，习近平在党史学习教育动员大会上发表讲话时进一步强调："我反复强调要发扬将革命进行到底的精神，强调要发扬老一辈革命家'宜将剩勇追穷寇，不可沽名学霸王'的革命精神，发扬共产党人'为有牺牲多壮志，敢教日月换新天'的奋斗精神，这是有很深考虑的。大家想一想，在我国这样一个14亿人口的国家实现社会主义现代化，这是多么伟大、多么不易！要教育引导全党大力发扬红色传统、传承红色基因，赓续共产党人精神血脉，始终保持革命者的大无畏奋斗精神，鼓起迈进新征程、奋进新时代的精气神。"

四、参考资料

[1] 郑群.东江纵队的特点及其精神［J］.广东党史，2005（04）.

[2] 钟晴伟."东江纵队精神"的主要内涵探析［J］.工程管理前沿，2020（19）.

精神篇之03：
万众一心、和衷共济的团结协作精神

一、精神概述

东江纵队会聚五湖四海的爱国人士，人才济济、群英荟萃。为了共同的救国目标，他们互相尊重，互相爱护，团结一心，并肩战斗。

东江纵队组成人员中有许多知识分子，有留学生（如梁威林、严尚民、邓楚白、饶璜湘等）、大学生（如曾生、王作尧、杨康华、饶彰风、曾源、杨奇等）和大批高中生、初中生，政治和文化素质较高。东纵政治工作、民运工作和文化工作开展得有声有色，先后创办《大家团结》、《新百姓》报和机关报《前进》，还组织剧团、政工队、艺宣队等，取得卓著成效。

东江纵队坚决抗日，赢得广大群众和海外华侨以及港澳同胞的拥护和大力支援。他们不仅从精神上、财力物力上支援部队（通过宋庆龄转送的一次捐款就达20万元），还送儿女回国参加游击队，上前线作战。华侨子弟和港澳爱国青年先后回来参加东纵就达1500多人，对部队的建立和发展起了很大作用，如泰国华侨陈一民任东纵第3支队政委。许多华侨子弟牺牲在战场上，如中队政委、泰国华侨钟若潮（李中）及其妻子王丽。

女同志在东纵发挥了半边天的作用。她们活跃在杀敌战场上以及后勤、民运、医务、情报、交通、电台、文艺等工作上，涌现了许多英雄人物，其中有亲自送七个子女参加抗日队伍，自己也为抗日大业牺牲的革命母亲李淑桓；游击队第一位女连长李玉珍，战斗中总是身先士卒，冲锋在前，曾用10多分钟就一举消灭20多个敌人，受到支队长表扬；"交通王"杨嫲熟悉每条道路的地形地貌，凭着自己的胆识和机灵，每次为部队带路都能出色地完成任务；支队领导干部赵学善于做政治思想工作，把部队团结好；敌工科长林展，懂英、日等国语言，管教120多个日军俘虏，争取让他们转化，建立反战同盟组织，开展策反工作。女医护人员易焕兰，战场上奋不顾身抢救伤员，被称为"模范医务工作者"。

二、教学要点

1. 中华民族是具有伟大团结精神的民族

几千年来，团结一心、同舟共济是中华民族一以贯之的文化基因。从"兄弟同心，其利断金"的朴素道理到"能用众力，则无敌于天下"的金玉良言，从"五方之民共天下"的大一统观念到"像石榴籽一样紧紧抱在一起"的中华民族共同体意识，团结统一始终被视为中华民族"天地之常经，古今之通义"。

在历史长河中，我国各民族交错杂居，彼此交往交流交融，形成了"你中有我，我中有你，谁也离不开谁"的多元一体格局，留下了战国时期赵武灵王胡服骑射、汉代张骞出使西域、北魏孝文帝改制迁都、唐代文成公主进藏、清朝土尔扈特部东归等各民族共融共通的佳话。近代以来，在列强入侵、家国沦陷的危难关头，各族人民携手并肩、共赴国难，在血与火的抗争中共同谱写了保家卫国、抵御外侮的壮丽史诗。中华民族以强大的凝聚力、向心力经受住一次次严峻考验，向世人展示了永不褪色的伟大团结精神。

一部中华民族史就是一部各民族团结凝聚、共同奋进的历史。党的十八大以来，以习近平同志为核心的党中央站在民族融通、文明交汇、共同发展的战略高度，强调"中华民族一家亲，同心共筑中国梦，这是全体中华儿女的共同心愿，也是全国各族人民的共同目标"，唱响了新时代促进各民族交往交流交融、推动民族团结进步事业不断发展的主旋律。

2. 中国共产党是最能弘扬伟大团结精神的政党

马克思在总结第一国际的经验时指出："国际的一个基本原则——团结。如果我们能够在一切国家的一切工人中间牢牢地巩固这个富有生气的原则，我们就一定会达到我们所向往的伟大目标。"团结是我们党的生命所系、力量所在，讲团结既是核心组织目标也是重要工作方法，既是明确纪律要求也是鲜明政治文化。

早在建党初期，我们党就将民主集中制作为党的组织原则。延安时期，强调反对宗派主义以整顿党风。新中国成立后，党的七届四中全会通过《关于增强党的团结的决议》，规定了增强党的团结的具体措施。改革开放后，在《关于党内政治生活的若干准则》中明确民主集中制的基本原则。党的十八大以来，党中央坚持党要管党、从严治党，直击积弊、扶正驱邪，用铁的纪律维护党的团结统一，增强全党"四个意识"，把坚持党中央集中统一领导贯穿于党的领导和党的建设各方面、全过程，严明党的政治纪律和政治规矩，坚决防止和反对个人主义、分散主义、自由主义、本位主义、好人主义，坚决防止和反对宗派主义、圈子文化、码头文化，坚决反对搞两面派、做两面人，党内政治生活气象更新，政治生态明显好转，党的团结统一更加巩固。可以说，百年中国共产党历史，就是一部"从团结的愿望出发，经过批评或者斗争使矛盾得到解决，从而在新的基础上达到新的团结"的实践史。

中国共产党不仅高度重视党内团结，而且始终强调调动一切可以调动的积极因素，使党同一切拥护祖国统一和致力于中华民族伟大复兴的爱国者实现大团结、大联合。党的十八大以来，以习近平同志为核心的党中央坚持和平发展道路，推动构建人类命运共同体，不断完善外交布局，以周边和大国为重点，以发展中国家为基础，以多边为舞台，打造全球伙伴关系网络，最大限度凝聚共识、凝聚智慧、凝聚力量，为新时代中国特色社会主义伟大事业营造和平稳定的外部环境。

三、延伸学习

1. 上下同心者胜，同舟共济者赢

新冠肺炎疫情，既是一次危机，也是一次大考。危机时刻，更能考验一个国家的意志；大考面前，更能砥砺一个民族的精神。

面对来势汹汹的新冠肺炎疫情，习近平总书记时刻关注疫情形势，把疫情防控作为头等大事来抓，亲自指挥、亲自部署，提出坚定信心、同舟共济、科学防治、精准施策的总要求，党中央及时作出一系列重大决策部署，确保疫情防控有力有序推进。全国上下心往一处想、劲往一处使，同疫情进行英勇顽强的斗争，奏响了中华民族团结一心、共克时艰的英雄壮歌。

在这场严峻的斗争中，中国人民彰显了同舟共济、守望相助的家国情怀。一位名叫张敏的安徽护士，忍住眼泪放下怀中年幼的女儿，转身奔赴武汉，临

走时说"妈妈要去打怪兽了，很快就回来"。一位不知名的男子驾车经过南京，从车上搬下来一大箱口罩送给执勤民警……丹心寸意，皆为有情；岂曰无衣，与子同裳。历史不会忘记，湖北特别是武汉的广大党员、干部、群众积极响应党中央号召，坚定信心、顾全大局、自觉行动、顽强斗争。历史不会忘记，全国各地一方有难、八方支援，各地区驰援湖北和武汉的广大医务工作者、人民解放军指战员以及各方面人员闻令而动，不怕牺牲，越是艰险越向前。争分夺秒的救治，爱心涌动的互助，感天动地的奉献，这场抗疫斗争激发出的，是中国人民万众一心、和衷共济的伟大精神，是风雨同舟、患难与共的大爱深情。

在这场严峻斗争中，中国人民凝聚了众志成城、风雨无阻的磅礴力量。"不计报酬、不畏生死、随叫随到！""遏制疫情，我们可以！"人们不会忘记写下"请战书"奋勇冲锋的医务人员，不会忘记夜以继日建设火神山医院、雷神山医院的工人，不会忘记"只要有疫情，一直在"的志愿者，不会忘记默默奉献的平民英雄。面对危难，广大党员干部冲锋在前、挺在一线，医务人员白衣执甲、逆行出征，人民解放军指战员勇挑重担、敢打硬仗，广大社区工作者、公安干警、基层干部、下沉干部、新闻工作者、志愿者不惧风雨、坚守一线，广大群众齐心协力、踊跃参与，展现了令人震撼的行动能力和精神力量。正是举国上下团结奋斗、英勇奋战，筑起了一道抗击疫情的钢铁长城。

中国人民是具有伟大团结精神的人民。"最让我震撼的是，每一个中国人都有很强烈的责任担当和奉献精神，愿意为抗击疫情作出贡献"，世界卫生组织赴中国考察专家组负责人如此感慨。新中国成立70多年来，从抵御地震、洪水、泥石流、雨雪冰冻等重大自然灾害，到抗击天花、血吸虫病、疟疾、非典等重大疫情，我们之所以能够不断在磨难中成长、从磨难中奋起，就在于有党和人民的坚强团结，有同舟共济、万众一心的民族文化基因。这次抗疫斗争的伟大实践深刻印证："团结是铁，团结是钢，团结就是力量。团结是中国人民和中华民族战胜前进道路上一切风险挑战，不断从胜利走向新的胜利的重要保证。"

上下同心者胜，同舟共济者赢。在前进的征程上，无论遇到什么样的风险和挑战，只要我们在党中央的坚强领导下，把亿万人民的智慧和力量凝聚在一起，我们的力量将无坚不摧，我们的事业将无往不胜。

2. 伟大团结精神是从磨难中奋起的强大动力

在战胜自然灾害中孕育的伟大精神，是增强必胜决心和信心的精神支撑。我国地域辽阔，是一个自然灾害频发的国家。面对灾难，中国人民从来没有屈服，从来没有被压倒，而是以惊人的毅力和坚韧，一次次战胜自然灾害，并在战胜灾害的殊死搏斗中孕育了伟大精神，进一步增强了战胜自然灾害的信念与决心。1998年的抗洪斗争，形成了万众一心、众志成城，不怕困难、顽强拼搏，坚韧不拔、敢于胜利的伟大抗洪精神。2008年，汶川发生特大地震，中国人民齐心协力抗震救灾，形成了万众一心、众志成城，不畏艰险、百折不挠，以人为本、尊重科学的伟大抗震救灾精神。2003年，面对非典疫情这场突如其来的重大灾害，全国人民团结一心，战胜疫情，形成了万众一心、众志成城，团结互助、和衷共济，迎难而上、敢于胜利的抗击非典精神。

这次新冠肺炎疫情是一次磨难，也是一场考验。在抗击疫情的斗争中，在党中央的坚强领导下，全国上下共同努力，坚持全国一盘棋，体现了一方有难、八方支援的显著优势，形成了强大的向心力和凝聚力。武汉乃至整个湖北形势严峻，急需医务人员，全国各地和军队紧急调派340多支医疗队、4万多名医护人员火速驰援，迅速建成集中收治医院和方舱医院，千方百计增加床位供给。抗击疫情急需医疗及相关物资，国家迅速采取积极措施，支持医用防护服、口罩等疫情防控急需医疗物资的生产企业迅速复工生产，对重要物资实行国家统一调度，优先保障武汉和湖北需要的医用物资，并组织19个省份对口支援。国家财政和地方政府在短时间内为疫区投放了数千亿资金。疫情发生后，各地区相继启动重大突发公共卫生事件一级响应，构建联防联控、群防群控的防控体系，形成了全面动员、全面部署、全面防控的大格局。社会各界和港澳台同胞、海外侨胞纷纷捐款捐物，表达了血浓于水的深厚情怀。"团结就是力量。"在这场没有硝烟的战役中，全国人民各尽所能地参与到疫情防控工作中，每个社会成员都是抗击疫情链条上的一环。专家学者主动做好心理疏导工作，引导全社会关心关爱确诊人员、隔离人员和病人家属。广大公安民警、疾控工作人员、社区工作人员等坚守岗位、日夜值守。广大新闻工作者不畏艰险、深入一线，真实记录了抗击疫情的动人场景。广大志愿者真诚奉献、不辞辛劳，于平凡中彰显伟大。无数快递、运输从业人员不畏艰险地奔波，成为城市最美的风景线。隔离的是空间，不变的是情感，心相连、情相通，各界群众都在各自的岗位上为抗击疫情守望相助、传递爱心、真诚奉献，共同凝聚起抗击疫情的强大合力。

四、参考资料

[1] 郑群. 东江纵队的特点及其精神［J］. 广东党史，2005（04）.

[2] 杨子强，林哲艳. 大力弘扬伟大团结精神［J］. 人民日报，2018-05-18.

[3] 人民日报评论员. 同舟共济 众志成城——抗疫斗争伟大实践的思考之一［J］. 人民日报，2020-04-26.

[4] 教育部习近平新时代中国特色社会主义思想研究中心. 伟大精神是从磨难中奋起的强大动力［J］. 光明日报，2020-03-18.

精神篇之04：
英勇无畏、赴汤蹈火的革命英雄主义精神

一、精神概述

据资料记载，东江纵队成立之初只有数百人枪，非常弱小；但他们面对比自己强大得多的敌人却毫不畏惧，敢闯敢拼，以一往无前的英雄气概打赢了多次重要的战役。1941年6月10日，驻扎莞城的400余日军和伪军偷袭大岭山百花洞，东江纵队的第3大队3个中队只有200余人和两挺轻机枪。在人数、武器装备不如敌人的情况下，东纵战士毫不畏惧，机智应对，成功击毙日军大队长，击毙击伤日伪军官兵五六十人，并缴获了枪支弹药和战马。1940年下半年，王作尧带领部队到阳台山建立抗日基地，遭遇100多名日伪军围剿，王作尧部只有30余人，他们采取了打"麻雀战"的方式，几次逼退日军，打死打伤几十个日伪军，活捉了军火库的长官，缴获敌人全部武器弹药及物资。据不完全统计，东江纵队对日伪军共作战1400余次，毙伤日、伪军6000余人，俘虏、投诚3500余人，反击顽军作战600余次，缴获各种武器6500多件，还先后粉碎日伪军万人大"扫荡"、"铁壁合围"等多次进攻。就这样，东江纵队通过一次次艰苦卓绝的斗争，解放了大片国土，建立了7个县级政府和一批区、乡抗日民主政权。

自东江纵队成立后，东纵涌现出了大批的英雄人物，他们在敌后战场上顽强拼搏，英勇杀敌，表现出了不怕牺牲、视死如归的革命英雄主义精神。比如，把三个儿子送到东江纵队（两个在战场上牺牲）的"革命好妈妈"黄禾；把七个子女全部送上抗日战场、自己也为革命牺牲的英雄母亲李淑桓；总是身先士卒、冲锋在前，十多分钟消灭20多个敌人的女中豪杰、游击队第一位女连长李玉珍；熟悉地形地貌、为部队带路的"交通王"杨嫲；奋不顾身抢救伤员

的女医护人员易焕兰；令敌人闻风丧胆的短枪队队员刘黑仔；精通英、日等多国语言、负责教育转化120多个日军俘虏的敌工科长林展；以一当百、光荣殉国的东纵五少年英雄；"土洋九烈士"；还有战斗英雄林文虎、卓凤康、莫福娣、梁金生、钟若潮（李中）；等等。

二、教学要点

1. 革命英雄主义精神

革命英雄主义精神是无产阶级世界观和精神面貌的一种体现，把革命利益看得高于一切，在革命斗争中不怕艰难险阻、不怕流血牺牲，敢于为真理而冲锋陷阵，为共产主义事业不惜牺牲自己的一切。

毛泽东对革命英雄主义有过明确的论述，他说："这个军队具有一往无前的精神，它要压倒一切敌人，而决不被敌人所屈服。不论在任何艰难困苦的场合，只要还有一个人，这个人就要继续战斗下去。"朱德也指出："革命的英雄主义，是视革命的利益高于一切，对革命事业有高度的责任心和积极性，以革命之忧为忧，以革命之乐为乐，赤胆忠心，终身为革命事业奋斗，而不是斤斤于作个人打算；为了革命的利益和需要，不仅可以牺牲自己的某些利益，而且可以毫不犹豫地贡献出自己的生命。"毛泽东、朱德的上述论述是对革命英雄主义的高度科学的概括。

战斗英雄梁英瑞在对越自卫还击作战中，在攻打越南那行地区高地时，奋不顾身，三次在敌人火力封锁下，用爆破筒扫地雷，为部队开辟通路。在攻打板兰"五四二"高地的战斗中，他奋不顾身地把炸药包填进敌人的暗礁射孔，不料敌人推了出来，在生死存亡的关键时刻，他毅然把炸药包又塞进了敌射孔，并用双手死死地顶住，炸毁了碉堡，自己壮烈牺牲。梁英瑞为什么这样勇敢？他在日记中是这样写的："我要做一颗生命力很强的种子，党把我播向沙漠，就长起抗御风沙的红柳；播向雪山，就开出不畏严寒的雪莲；播向天涯海角，就长出呼啸雷霆的青松，为了实现我们崇高的理想——共产主义而献身。"

2. 革命乐观主义精神

革命英雄主义的表现是多方面的，包括英勇顽强、敢打敢拼的战斗作风，视死如归、不怕牺牲的英雄壮举，以及革命乐观主义精神，等等。

革命乐观主义精神是指革命者对社会发展前途和共产主义事业充满坚定信念，在艰难困苦、危急险恶的环境中，不灰心丧气，不悲观动摇，自始至终保持乐观的情绪、必胜的信心和旺盛的斗志，努力争取斗争的胜利。

在对越自卫还击作战中，老山前线经常断水缺粮，战斗连绵不断。战士蹲在狭窄的猫儿洞里，上面有塌方的危险，下面有积水，周围有蚊叮虫咬，长期的潮湿使战士们的脚上、裆里都发霉糜烂了；但是，就在这种恶劣的环境中，战士们仍然利用战斗间隙掰手腕、下棋"拱猪"、开展文艺活动，比如创办战士诗社，举办演讲会、节日联欢会、战地迪斯科，歌声笑声不断。甚至还用"炒菜少佐料诸君莫笑、吃饭闻火药别有味道"等对联，来表达革命军人坦荡的胸怀和不怕困难的革命乐观主义态度，以保持高昂的斗志。

三、延伸学习

抗日战争中的革命英雄主义精神永放光芒

抗日战争中，中华民族遭受的灾难、损失是空前的。同时，在这场世界反法西斯的战争中，中华民族焕发的英雄主义精神也是空前的。

（1）英勇无畏、不畏强敌、敢打敢拼、以劣胜优的精神。

当东方头号帝国主义强国日本帝国主义发动全面侵华战争时，其势汹汹，不可一世，扬言要几个月灭亡中国。特别像板垣征四郎的所谓精锐师团，更是骄横异常；但是，1937年9月25日平型关一战，武器装备简陋的八路军115师将其主力一部包围于平型关以东10余公里长的峡谷中，被打得乱作一团，初则顽抗待援，继则拼命突围，最后是抱头鼠窜。日军被歼1000余人。平型关的胜利极大地振奋了全国的民心士气，沉重地打击了侵华日军的嚣张气焰。

八路军英勇无畏，以劣势装备战胜优势装备的敢打硬拼精神，在夜袭日军阳明堡飞机场的作战中，表现得最为突出。1937年10月上旬，日军突破山西省北部国民党军防线，侵占原平县崞阳镇后，继续南犯。国民党军退守忻口一带，阻止日军进攻太原。八路军第129师第385旅第769团奉命在原平县以东地区，执行侧击南犯日军后方的任务，发现日军飞机不断由阳明堡前线机场起飞，轰炸忻州国民党军阵地。该团是步兵团，既无对空中防御的武器，也无对空作战的任务，但是英勇无畏、敢打敢拼的精神使他们担起了在地面打飞机这一光荣而艰巨的重担。该团经周密侦察后，组织1个营的突击队，于19日凌晨打响了袭击日军阳明堡前线机场的战斗。经1小时激战，该团歼灭日军100余人，毁伤飞机24架，使日军在忻口方向的航空兵受到沉重打击。

（2）英勇顽强、决战决胜，压倒一切敌人的大无畏精神。

1936年8月，115师特务营等部在鲁西梁山的歼灭战，是有我无敌、刺刀见红、压倒一切敌人的大无畏精神的范例。当八路军115师获悉驻军兖州汶上日军第32师400余人携带新装备之野炮、重炮，向梁山地区进犯，即以师特务营、骑兵连和独立旅第1团第3营攻歼该敌。日军突围退守梁山西南麓的独山庄及独山高地。115师部队切断日军退路，向其猛攻。经7次激烈的肉搏战，终将敌全歼。

日军认为平原地区既有利其机械化部队快速机动，又无八路军可依托的有利地形，是他们能占上风的地方。

然而，八路军英勇顽强、决战决胜、压倒一切敌人的精神使他们在平原也遭到惨败。1939年4月20日，日军800余人向冀中河间县齐会村进攻，第120师第716团第3营指战员英勇奋战。日军进攻受挫，以炮火袭击齐会，并向其北面的大朱村发射毒气弹。师长贺龙及20余人中毒，但仍坚持指挥，并及时作出阻击援敌，实施反围攻的部署，使进攻齐会的日军完全陷入孤立。当夜，我军官兵向侵入齐会的日军实施夹击。这次战斗，共毙伤日军700余人，对推动华北平原抗日游击战争的开展起了重要作用。

（3）视死如归，不怕牺牲的英雄壮举。

1941年8月，侵华日军对晋察冀军区发动空前规模的"扫荡"。9月25日，2000多名日军包围河北省易县西北部的狼牙山，妄图消灭在这一地区的八路军部队和党政机关。八路军晋察冀军区第1军分区第1团第7连奉命掩护指挥机关和群众转移，当晚，7连6班奉命坚守山脚的东口到棋盘陀的阵地，掩护我方转移。他们打退敌人多次猛烈的进攻，毙伤90余人，完成了掩护任务。为了不让日军发现转移的方向，他们毅然向棋盘陀顶峰撤退，把日军引向悬崖绝路，子弹、手榴弹打完后，就用石块砸击。最后，班长马宝玉等5人砸烂武器，纵身跳下23丈高的悬崖。

日本侵略军对我抗日根据地实行烧光、杀光、抢光的"三光政策"，妄图把抗日军民困死。为克服困难，抗日军民自力更生，开展大生产运动，使陕甘宁边区和各抗日根据地军民胜利地度过了抗日战争的最困难时期，为战胜日本帝国主义提供了物质保证。物质困难的克服，最艰苦阶段的度过，证明了一条真理：共产党人的无产阶级大无畏精神，是永远不可战胜的。

四、参考资料

[1] 钟晴伟."东江纵队精神"的主要内涵探析［J］.工程管理前沿，2020（19）.

[2] 继承弘扬革命英雄主义精神［J］.光明日报，https://www.gmw.cn/01gmrb/2006-01/15/content_361741.htm，2006年1月15日.

[3] 百度百科.革命英雄主义.https://baike.baidu.com/item/%E9%9D%A9%E5%91%BD%E8%8B%B1%E9%9B%84%E4%B8%BB%E4%B9%89/10831860?fr=aladdin.

[4] 呼伦汗，包国俊.抗日战争中的革命英雄主义精神永放光芒［J］.人民日报，http://www.china918.net/news/read?id=3731，2001年12月1日.

精神篇之05:
心怀天下、开放包容的国际主义精神

一、精神概述

广东地处沿海，是中国著名的华侨之乡，与东南亚及世界各国有着紧密的联系。中共广东党组织和东江纵队团结、发动海外侨胞和港澳同胞支援抗战，做了大量工作，卓有成效。各海外侨胞和港澳同胞积极从人力、物力、政治上支援广东人民抗日武装，为东江纵队的建立和发展做出了重大贡献。据统计，先后参加广东抗日游击队的华侨子弟和港澳同胞达1500人以上。1940年以前，曾生和王作尧两支部队的军需物资大部分是靠华侨和港澳同胞捐赠的。香港同胞通过募捐、卖花劝捐、巡回义演等活动，筹款支持抗日部队。南洋华侨掀起抗日救国捐献热潮，富者慷慨解囊，贫者节衣缩食，妇女献出金银首饰。东江华侨回乡服务团吉隆坡队、文森队等回国时，都带回大量军需物资。1939年初，宋庆龄曾一次性转交给曾生的海外华侨捐款就达到港币20万元，以后还多次赠送药物、捐款等大量物资。

东江纵队发扬国际合作精神，在抗战中尤其是香港沦陷后，参与解救盟军战士和国际友人，积极建立国际情报合作关系，有力地促进了国际反法西斯统一战线的发展。在著名的秘密大抢救中，东江纵队不仅全力抢救被困在香港的文化人士和爱国民主人士，而且营救了不少盟国的文武官员和国际友人。据不完全统计，至抗战胜利，经东江纵队营救并护送到大后方的英国、美国、印度、丹麦等人士有上百人，其中有英国的赖特上校等。1944年2月，美空军克尔中尉袭击香港启德机场时，飞机被日军击中，跳伞逃生，遭数千敌人3个星期的搜捕和围攻。后经东江纵队救护安全脱险，辗转送返中国大后方。据统计，抗战期间，东江纵队救护对日作战遇险的盟军陈纳德飞虎队成员多达8人。

东江纵队心怀天下的国际主义精神，使我党赢得了盟军的信任，与其建立起了情报合作关系，为促进国际反法西斯统一战线的发展作出了巨大贡献。

二、教学要点

1. 东纵与盟军的情报合作

1942年7月，英国在桂林组织英军服务团，在惠州设立"英团"前方办事处。东江纵队港九大队国际工作小组人员配合"英团"前方办事处，潜入香港组织情报站，布置秘密交通线，进一步营救英军被俘人员。

1944年7月，经党中央电示同意，美军第十四航空队派出一情报组到东江纵队建立情报合作关系，并设立电台。东江纵队相应建立"联络处"作特别情报部门，并任命袁庚为处长，黄作梅任联络员兼英文翻译，主管广东沿岸及珠江三角洲敌占区情报工作。"联络处"的情报组织发展迅速，情报人员200多人，遍布东江敌占区，南起香港，北到广州，西至珠江东岸，后来粤北西江沦陷，又扩展至西北江去。情报人员李成还打入香港日军宪兵部特工课，窃取一份驻港日军的军用地图副本，交地下党负责人黄施民转黄作梅交美军十四航空队，盟军据此炸毁香港九龙船坞等日军据点。黄作梅还亲自带领美军侦察军官，近距离实地侦察拍摄日军启德机场，这对美军准确轰炸启德机场起了十分重要的作用。

黄作梅在《我们与美国合作》等文写道："因为这些情报对在华美军当局证明了非常宝贵和有用，东江纵队获得了陈纳德将军、在华美军司令部甚至华盛顿的赞誉。盛赞东纵情报站是'美军在东南中国最重要之情报站'，它的情报被认为'在质与量都经常优越'，感到'极大满意'。"鉴于东江纵队为世界反法西斯战争作出的贡献，1947年英国政府邀请黄作梅到伦敦参加庆祝第二次世界大战胜利大游行，并获英王接见，授予其大英帝国勋章员佐勋章（MBE）。

2. 国际主义

国际主义(Internationalism)，这个概念和思想最早是由科学共产主义的创始人马克思和恩格斯提出来的，是国际共产主义运动的指导原则之一，是指各国无产阶级和劳动人民，在反对剥削和压迫、争取自身解放和民族独立、建设社会主义的斗争中，在政治、经济、道义等方面互相支持，互相援助，坚持国际团结的思想和政治原则。

资本是一种国际力量，各国资产阶级之间尽管存在诸多利益纠纷，但在镇压无产阶级革命时，受阶级本性驱使，往往自动结盟。各国无产阶级只有联合起来进行斗争，才能推翻剥削制度，求得社会解放。忽视各国工人的团结，都会使其分散的努力归于失败。

国际主义体现了无产阶级的民族观，是无产阶级处理民族问题的基本原则，也是无产阶级认识和处理各国无产阶级之间、各国无产阶级政党之间以及社会主义国家之间相互关系的行为准则。各国无产阶级和劳动人民在反对剥削压迫、争取民族解放与实现社会主义的斗争中，要相互支持，相互援助。无产阶级政党要坚持民族平等和民族自决的原则，支持被压迫民族的民族解放运动，加强与被压迫民族的无产阶级和劳动群众的团结。

3. 发扬国际主义精神

国际主义精神，本义即国际主义，是无产阶级及其政党超越国家界限，为了其他国家的革命斗争而共同反对阶级敌人的精神。在不同的历史时期，国际主义精神的内涵有所发展和变化。其中，为了捍卫世界的和平与正义，为了维护人类的生存和发展，国家或团体在对外活动中进行合作的精神，也是一种国际主义精神。

为了抗击日本帝国主义的侵略，东江纵队和中国人民与盟国进行合作，互相支持、互相帮助，是一种国际主义精神。抗美援朝沉重打击了破坏人类和平的嚣张气焰，为世界和平与正义做出了重要贡献，也充分体现了国际主义精神。当今世界，反对霸权主义和强权政治，同破坏世界和平与发展的一切势力作斗争，同影响人类健康和利益的新冠病毒、气候变暖等国际问题作斗争，共同构建人类命运共同体，共同创造更加美好的和谐世界，也是一种需要弘扬的国际主义精神。

三、延伸学习

1. 国际主义精神的代表——柯棣华

柯棣华，原名德瓦卡纳思·桑塔拉姆·柯棣尼斯，1910年出生于印度孟买省的一个小镇。印度人民的苦难和反抗殖民统治的斗争，使柯棣华自小养成了积极追求真理、勇于反抗不合理压迫的坚强性格。1937年，中国抗战的消息传来，印度国大党决定派一支小型医疗队到中国去，正在准备报考英国皇家医学会的柯棣华毅然决定参加医疗队。

1938年9月，柯棣华等五人援华医疗队来到中国，起初分配到国民党军医院工作并受到款待，但他们却对国民党百般丑化的共产党产生了向往，于是冲破阻碍于1939年2月抵达延安，随后到八路军总院工作。同年秋，他们提出追随白求恩的足迹去前线，毛泽东亲自批准并勉励他们学习政治。

1940年3月，柯棣华进入晋察冀边区，随部队转战数千里，途中亲自参加了一次伏击日寇列车的战斗。在百团大战期间，柯棣华到距火线仅一二里处设立了救护所。1941年1月，他担任了白求恩国际和平医院院长。1942年7月7日，柯棣华宣誓成为一名光荣的中国共产党党员。

1942年12月，柯棣华写讲义时突然发病，不幸逝世，年仅32岁。毛泽东主席为柯棣华写了挽词，盛赞他是国际主义精神的代表。

2. 弘扬抗美援朝精神，捍卫国际和平正义

70年前，为保卫和平，反抗侵略，中国共产党和政府毅然作出抗美援朝、保家卫国的历史性决策。英雄的中国人民志愿军抗美援朝，高举正义旗帜，同朝鲜人民和军队一道，舍生忘死、浴血奋战，赢得抗美援朝战争的伟大胜利。70年后的今天，我们深切缅怀志愿军英雄，铭记这场正义之战的伟大胜利，弘扬伟大的抗美援朝精神。

抗美援朝战争，是保卫和平、反抗侵略的正义之战。1950年6月，朝鲜战争爆发，美国纠集"联合国军"进行武装干涉，并派遣美海军第七舰队侵入中国台湾海峡。此后，侵朝美军越过三八线，直逼鸭绿江，并出动飞机轰炸中国东北边境城市和乡村，把战火烧到新生的中华人民共和国国土之上。面对美国侵略，应朝鲜劳动党和政府的请求，为维护正义，保卫中国领土安全，捍卫和平，中共中央在极端困难的情况下，毅然作出抗美援朝、保家卫国的历史性决策，以大无畏的英雄气概果敢承担起保卫和平的历史使命。

雄赳赳，气昂昂，跨过鸭绿江。英雄的中国人民志愿军高举正义旗帜，同朝鲜人民和军队一道，舍生忘死、浴血奋战，书写了气壮山河的英雄史诗，最终赢得抗美援朝战争的伟大胜利。这是中朝两国人民和军队团结战斗的伟大胜利，也是维护世界和平和人类进步事业的伟大胜利。

抗美援朝战争的胜利，是正义的胜利、和平的胜利、人民的胜利。抗美援朝打出了新中国的军威国威，打出了数十年的和平发展环境。中国人民志愿军的力量源泉及其获得胜利的根本原因，正是抗美援朝斗争的正义性。

70年斗转星移，中华大地发生的沧桑巨变举世瞩目。鉴往知来，新时代弘扬伟大的抗美援朝精神，就是要继承和弘扬"为了祖国和民族的尊严而奋不顾身的爱国主义精神，英勇顽强、舍生忘死的革命英雄主义精神，不畏艰难困苦的革命乐观主义精神，慷慨奉献自己一切的革命忠诚精神，为了人类和平与正义事业而奋斗的国际主义精神"。伟大的抗美援朝精神是弥足珍贵的精神财富，必将激励中国人民和中华民族克服一切艰难险阻、战胜一切强大敌人。

四、参考资料

[1] 郑群. 东江纵队的特点及其精神［J］. 广东党史，2005（04）.

[2] 百度百科. 国际主义. https://baike.baidu.com/item/%E5%9B%BD%E9%99%85%E4%B8%BB%E4%B9%89/1792105?fr=aladdin.

[3] 国际主义精神的代表——柯棣华. 光明日报，https://www.gmw.cn/01gmrb/2005-08/17/content_290141.htm，2005-08-17.

[4] 杜白羽. 弘扬抗美援朝精神 捍卫国际和平正义. 光明日报，https://news.gmw.cn/2020-10/23/content_34297177.htm，2020-10-23.

精神篇之06：
敢创敢试、勇于开拓的改革创新精神

一、精神概述

东江纵队活动在敌占两大城市广州、香港之间，敌占重要交通动脉广九铁路两侧，是一块既无高大山岭依靠，回旋地又很小的狭长地带。东江纵队因地制宜，采用灵活机动的游击战，开辟了东莞大岭山和宝安阳台山抗日游击根据地，并把游击战推进到敌占港九地区和沿海。港九大队采用机动灵活的战术，以打小仗、打巧仗和奇袭伏击为主，充分发挥短枪队高度灵活的作用，有力地打击敌人。护航大队和港九大队海上中队互相配合，开展海上游击战争，控制香港至惠阳数百里海岸线，打击和破坏敌人海上运输线，保护客商往来和抗日游击队的海上运输，有力地配合东纵陆上游击队打击敌人。东江纵队把抗日游击战争从农村推进到敌占港九大城市和沿海，成功地创造了大城市和沿海抗日游击战争的典型范例。

二、教学要点

1. 创造了大城市游击战争典型范例

在日军进攻港九之日，东江纵队即派出两支武工队进入九龙新界开辟游击区，一支由黄高阳、曾鸿文率领，活动在元朗、荃湾一带；一支由黄冠芳、刘黑仔、刘春祥等率领，活动于九龙城以东和西贡、沙头角等地。1942年2月统一成立港九大队，蔡国梁任大队长、陈达明任政委、鲁锋任副大队长、黄高阳任政训室主任。游击队与敌周旋于九龙山区，曾炮击沙头角以钳制敌军，并派出短枪队深入港九市区散发传单，使敌恐慌撤回港九，瓦解了敌人"扫荡"；不断出击港九地区的敌军岗哨、巡逻队和敌船，炸毁日军启德机场油库、飞机，爆破九龙第四号火车铁桥，处决日军九龙宪兵司令部汉奸翻译陆通译，活捉日本南支派遣军高级特务头子东条正之，打得港九地区敌军日夜不得安宁。短枪队刘黑仔的名字更使敌人闻风丧胆。游击队还活动到广州市郊，直迫白云山脚，曾攻入罗布洞，歼敌一连。

2. 创造了沿海游击战争典型范例

东江纵队在大鹏半岛东西两侧成立了两支海上游击队，分别是以刘培为大队长、曾源为政委的护航大队和以陈志贤、王锦为正副队长的海上游击队，后第6支队成立海陆大队，由吴海任大队长、黄秉为政委。大亚湾和大鹏湾开展的海上游击战3年多，俘敌船43艘，击毁、击沉敌机帆船和大木船十多艘，曾直入大亚湾敌军巢穴，歼灭伪军海军陆战队一个大队，生擒伪大队长，扰乱日军海上运输线，控制南海数百里海岸线，有力地配合东纵陆上游击队打击敌人。

3. 创新精神在改革开放大潮中引领深圳发展

1978年9月，交通部部长曾生兼任香港招商局董事长，交通部外事局局长袁庚（原东江纵队联络处处长）担任常务副董事长，主持招商局蛇口工业区的日常工作。蛇口工业区创建之初，诽议纷纷，曾生排除干扰，高视阔步，三次下蛇口调查研究，支持袁庚创业。

曾生、袁庚等东纵人从烽火硝烟的战场走向和平年代，和无数拓荒者一起，勇立潮头，引领敢闯敢试、敢为人先、埋头苦干的深圳精神，打响了改革开放"第一炮"，铸就了改革开放试验田的"蛇口模式"，书写了深圳从一个名不见经传的边陲农业县，蝶变为一座充满魅力、动力、活力、创新力的国际化创新型城市的发展传奇。

三、延伸学习

1. 袁庚："蛇口模式"的探索创立者

1978年，袁庚被委派到香港，担任招商局的主要领导。频繁往返于深圳、香港，让他对两地经济上的巨大差距有了最直观的认识。1979年1月31日，袁庚和当时的交通部领导向国务院汇报在广东建立蛇口工业区的设想，当即得到批准。用袁庚的话说，"搞点试验，探索一下中国未来的经济走向"。袁庚说："我希望人们把蛇口看作一根试管，一根注入外来有益的经济因素对传统式的经济体制进行改革的试管。"

1979年7月8日，蛇口开山动土。隆隆的炮声，被后人认为是中国改革开放的第一声号角。蛇口陆续出现了工程招标、人才公开招聘、商品房改革、工资制度改革等新鲜事物，新中国第一家股份制企业、第一家股份制银行、第一家股份制保险公司等均诞生于此。

从1979年到1984年，蛇口创造了"24项全国第一"。袁庚认为，这一系列改革的核心，就是为了帮助当时的企业冲破条块分割的旧体制束缚，真正按经济规律运作。在袁庚的主导下，蛇口实现了政府从市场决策者、控制者转化为市场环境营造者、市场秩序维护者的转变。

在袁庚掌舵的14年里，招商局资产翻了近200倍，百年招商局出现了历史上的第二次辉煌。由他创立的招商银行、平安保险、中集集团等企业至今仍是各自行业的佼佼者。

2. 弘扬特区精神，开创全面深化改革新局面

习近平同志指出，40年来，深圳、珠海、汕头、厦门、海南5个经济特区不辱使命，在建设中国特色社会主义伟大历史进程中谱写了勇立潮头、开拓进取的壮丽篇章，在体制改革中发挥了"试验田"作用，在对外开放中发挥了重要"窗口"作用，为全国改革开放和社会主义现代化建设作出了重大贡献。敢闯敢试、敢为人先、埋头苦干的特区精神，是中国精神的重要组成部分。中国特色社会主义进入新时代，改革发展稳定任务艰巨繁重，必须大力弘扬特区精神，以新作为开创全面深化改革新局面。

敢闯敢试、敢为人先。经济特区以自身的大胆探索和开拓性实践，为敢闯敢试、敢为人先作出了最好注脚。改革开放以来，经济特区在建立社会主义市场经济体制和转变发展方式、创新社会治理、建设现代化创新型城市等方面进行了一系列成功探索，创造出很多可复制可推广的宝贵经验。进入新时代，不断开创全面深化改革新局面，依然要高度重视发挥经济特区先行先试的作用，从群众关注的焦点、百姓生活的难点中寻找改革切入点。尊重基层群众实践，发现基层群众首创，把一些好的做法和经验推广开来，推动顶层设计和基层探索良性互动、有机结合。

脚踏实地、注重实践。能否坚持实事求是、一切从实际出发，是决定工作有无主动权和得失成败的关键。经济特区自创办以来，就坚持从本地具体实际出发，根据自身地域、资源、环境等特色，在实践中逐步探索出一条科学发展之路，在工业化、城镇化、现代化建设中创造了辉煌成就。在对外开放方

面，发展外向型经济和高新技术产业，为改革开放和社会主义现代化建设发挥了示范作用。进入新时代，经济特区必须坚定改革开放再出发的信心和决心，把握好新的战略定位，敢于涉险滩、扛重活，继续成为改革开放的重要窗口、试验平台、开拓者、实干家。

锐意进取、勇往直前。改革开放以来，经济特区坚持解放思想，不断革故鼎新、锐意进取，清理制约改革的体制机制障碍，大胆地闯、大胆地试，闯出一片新天地，在开创社会主义现代化建设新局面中发挥了重要作用，在经济体制、行政管理体制改革等方面不断取得新进展，持续为经济社会发展注入新的生机与活力。新形势下，坚持和发展中国特色社会主义仍然有许多重大课题需要探索实践，有许多新的领域需要开拓创新。经济特区要坚持摸着石头过河，逢山开路、遇水架桥，在实践中求真知，在探索中找规律，不断形成新经验、深化新认识、贡献新方案。

奋发有为、自强不息。经济特区的发展历程，就是艰苦奋斗、顽强拼搏的历程。经济特区自创办以来，始终坚定舍我其谁的信念、勇当尖兵的决心，保持爬坡过坎的压力感、奋勇向前的使命感、干事创业的责任感，本着艰苦奋斗、顽强拼搏的精神，在前进道路上不断克服各种艰难险阻，取得一个又一个胜利。今天，经济特区的面貌已发生翻天覆地的变化，如深圳由一个昔日的边陲小镇发展成一座设施先进、功能齐全、经济社会全面发展的现代化大城市，展现出中国特色社会主义经济特区的崭新风貌。经济特区的成功实践表明：只有保持奋发有为的精神状态，以昂扬向上的精神风貌努力奋斗、顽强拼搏，才能不断推动中国特色社会主义事业向前发展。

四、参考资料

[1] 郑群.东江纵队的特点及其精神［J］.广东党史，2005（04）.

[2] 文旅中国.弘扬伟大的抗战精神！深圳市坪山区东江纵队纪念馆焕新亮相.网易网，https://www.163.com/dy/article/GJA8S74N05505AV6.html，2021年9月7日.

[3] 刘青山.袁庚："蛇口模式"的探索创立者［J］.国资报告，2019（03）.

[4] 石明磊.大力弘扬特区精神 以新作为开创全面深化改革新局面.人民日报，2018-11-21.

后　记

　　当前，中国特色社会主义进入新时代，中华民族伟大复兴正处于关键时期。加强和改进思想政治教育和爱国主义教育，传承红色基因，厚植爱国情怀，对于振奋民族精神、凝聚全民族力量，夺取新时代中国特色社会主义伟大胜利，实现中华民族伟大复兴的中国梦，具有重大而深远的意义。习近平同志在2019年3月18日召开的思想政治理论课教师座谈会上指出："中华民族几千年来形成了博大精深的优秀传统文化，我们党带领人民在革命、建设、改革过程中锻造的革命文化和社会主义先进文化，为思政课建设提供了深厚力量。"

　　在艰苦卓绝的战争中，东江纵队从无到有、从小到大，逐步发展成为拥有1.1万余人的部队，成为中外共知的华南抗日战场一支坚强的武装力量。朱德同志在党的七大所作的军事报告《论解放区战场》中，将东江纵队、琼崖纵队与八路军、新四军并称为"中国抗战的中流砥柱"。东江纵队在革命战争年代用鲜血铸就的红色文化，既有非物质文化形态的深厚的东江纵队精神，也有物质文化形态的大批历史遗迹，为各级各类学校尤其是粤港澳三地学校开展并推进思想政治教育工作，提供了深厚力量和必要保障：一是东江纵队红色基因的传承能够推进新时代爱国主义教育，促进粤港澳三地青少年价值认同、文化认同及国家认同；二是东江纵队红色文化传统的发扬能够帮助学生树立正确的世界观、人生观和价值观，抵制历史虚无主义、功利主义对学生思想所带来的不利影响；三是东江纵队红色资源的利用能够丰富思想政治教育的载体，提高思想政治教育的形象性和亲和力。

　　教育模式创新是促进红色文化融入思想政治教育过程的重要手段，是提升红色文化功能发挥与作用彰显的重要抓手。提高思想政治教育的针对性和有效性，要结合本地青年学生的实际情况，不断创新思想政治教育的方式方法：一要充分发挥课堂教学的主渠道作用，深入挖掘东江纵队红色文化的内涵和载体，有力地推动东江纵队红色文化进课堂、进教材、进头脑；二要积极开展第一课堂与第二课堂相互融合的理论实践一体化教学，教师在第一课堂教学中渗透与实践活动相关的理论知识，随后通过实践教学活动，深化学生认识，帮助学生巩固转化课堂教学所传授的理论知识；三要大力开展线上线下混合式教学，建设和利用互联网中的东江纵队红色文化资源，通过运用任务驱动、问题驱动、小组合作学习的教学方法，提高学生学习红色文化的积极性和主动性，引领学生自主挖掘和探究红色文化资源的内涵，促进红色文化资源与思想政治教育的深度融合。